Christine Recht

Plantes aromatiques

Culture à la fenêtre, sur le balcon, en terrasse

Les conseils d'une spécialiste
pour les cultiver, les soigner,
les multiplier et les cuisiner

Illustrations : Ushie Dorner

Collection dirigée par
Patrick Mioulane

HACHETTE

Table des matières

Un massif où se mêlent fleurs et herbes aromatiques attire le regard.

Piments condimentaires

Les papillons aiment les simples.

Ciboulette en fleurs.

Avant-propos

Connaissez-vous le secret des plantes aromatiques – ces herbes parfumées dont l'arôme relevé donne la dernière touche de saveur à vos plats, les rend plus digestes, et dont le vert si frais et la floraison somptueuse sont un régal pour les yeux ?
Ceux qui aiment les plantes savent que les herbes aromatiques apportent santé et joie de vivre dans la maison.
Et quel plaisir de présenter à table des herbes fraîchement récoltées que l'on a cultivées soi-même ! Vous n'avez même pas besoin de posséder un jardin car de nombreuses espèces poussent très bien sur un balcon ou le rebord d'une fenêtre.
Ce petit guide vous indique tout ce que vous devez savoir pour réussir votre jardin d'herbes aromatiques. Les indications de l'auteur, spécialiste en la matière, sont claires et faciles à suivre. Même si vous ne savez pas encore jardiner, vous cueillerez bientôt vos propres herbes. Peu importe où vous choisissez de les cultiver, à la fenêtre, sur le balcon ou au jardin, les précieux conseils de Christine Recht vous accompagneront tout au long de l'année : comment les acheter, en graines ou en jeunes plants, comment les cultiver, quelles sont leurs exigences en lumière et en chaleur afin de leur offrir le meilleur emplacement, quel est le bon support de culture, quand les cueillir.
Les illustrations couleur vous montrent pas à pas comment semer, rempoter, arroser, même si vous n'avez encore aucune expérience.
Pour que votre jardin d'herbes aromatiques sorte de l'ordinaire, l'auteur vous donne une foule d'idées – à chaque fois illustrées – pour fabriquer une pyramide de plantes dans le jardin, ou encore une jardinière ou un support étagé pour le balcon ou la terrasse.
Vous trouverez aussi des conseils pour combattre efficacement les parasites et les maladies ainsi que des idées pour multiplier vos plants.
L'auteur vous explique à quel moment cueillir vos plantes condimentaires afin qu'elles vous donnent le meilleur de leur parfum et de leur goût.
Vous apprendrez aussi comment les conserver (séchage, congélation ou conserve) et quels plats elles accompagnent le mieux.
De superbes photos, réalisées spécialement pour ce guide, vont vous mettre en appétit et vous donner envie de jardiner.
Pour plus de facilité, vous trouverez pour chacune des plantes condimentaires les plus usitées une fiche nominative accompagnée de photos couleur.
Nous vous souhaitons beaucoup de plaisir à cultiver vos herbes pour réaliser des plats savoureux.

Pour cultiver vos propres plantes aromatiques, il n'est pas nécessaire de posséder un jardin, elles poussent très bien sur un balcon ou sur le rebord d'une fenêtre.

Où faire pousser vos plantes aromatiques ?

Elles mettent la dernière touche de saveur à un repas. Pour les utiliser fraîches, nul besoin de posséder un jardin. Faites-les pousser n'importe où, si vous disposez de soleil et de chaleur : sur le balcon, la terrasse, dans l'arrière cour, et même devant la fenêtre, à l'intérieur. Partout où vous pouvez trouver un petit coin qui se prête à la culture de vos herbes. En voici quelques exemples.

Sur le balcon ou la terrasse

Les plantes aromatiques n'ont pas beaucoup d'exigences, elles sont souvent plus rustiques que beaucoup de fleurs de balcon. Elles poussent facilement en bacs et en pots, mais il faut bien avouer que certaines ne deviendront jamais aussi grandes dans ces récipients qu'en pleine terre au jardin. Leur arôme s'épanouira avec la même générosité sur le balcon ou la terrasse.
De nos jours, quel appartement, en ville ou à la campagne, n'a pas un balcon, une terrasse ou un rebord de fenêtre ? Il est donc toujours possible de cultiver quelques herbes chez soi.
Vous serez étonné du nombre de plantes que l'on peut faire pousser sur un tout petit espace et de la générosité de la récolte obtenue si vous suivez nos conseils (voir page 25). Si vous possédez une terrasse de plain-pied, reportez vous à nos conseils page 9.

Le bon emplacement

L'exposition au sud : elle est la meilleure pour les plantes de plein soleil. Les plantes de mi-ombre devront être installées de telle sorte qu'elles ne soient pas toute la journée au soleil mais à l'ombre d'autres plantes ou à l'abri de la chaleur de midi. Vous trouverez pour chaque espèce toutes les indications concernant ses besoins en lumière et en chaleur dans sa fiche nominative (pages 40 à 60).
L'exposition à l'ouest ou à l'est : elle est favorable à la plupart des plantes condimentaires. Celles qui ont besoin de chaleur seront placées directement le long d'un mur qui reçoit le soleil plusieurs heures. La nuit, il leur restituera progressivement la chaleur emmagasinée le jour.
L'exposition au nord : elle est déconseillée pour les plantes condimentaires. Vous pourrez cultiver du cresson de fontaine ou de la ciboulette, mais pas les plantes qui ont besoin de soleil.
Le problème du vent : il se pose surtout pour les balcons élevés (à partir du cinquième étage) ou ceux qui sont en relief sur la façade de l'immeuble. N'accrochez jamais vos jardinières à l'extérieur de la rambarde, les herbes craignent les courants d'air violents. Le meilleur emplacement se situe à l'intérieur de la rambarde, et c'est près d'un mur que vos plantes seront le mieux protégées du vent.

Attention au poids !

Celui des bacs et jardinières, bien sûr. C'est un point important à considérer quand on veut cultiver des plantes sur le balcon ou la terrasse. Les plantes en elles-mêmes ne sont pas bien lourdes, mais ne sous-estimez pas le poids du bac et de la terre, qui augmente de moitié quand vous arrosez abondamment.
La charge autorisée : elle est d'environ 250 kg par mètre carré, dont il faut retirer le poids du revêtement de sol. Dans le doute, prenez conseil ou consultez les plans de votre immeuble.

Les meilleurs récipients pour le balcon ou la terrasse

L'offre est grande et vous trouverez sans nul doute ce qui convient le mieux à votre balcon ou votre terrasse. Vous pouvez d'ailleurs les fabriquer vous-même, comme ce guide vous y invite.

Les pots de fleurs

La plupart des plantes condimentaires y pousseront facilement.
La taille : elle doit être suffisamment grande et le pot assez profond pour les sujets qui ont des racines en motte compacte ou en pivot. Ceux dont les racines sont superficielles (thym, persil) poussent très bien en terrines. Règle fondamentale :

Un escalier ensoleillé est l'emplacement idéal pour vos herbes aromatiques. Elles apprécient les pots de terre.

plus le pot est grand, plus votre plante se développera. Si vous ne fournissez à votre plante qu'un pot de 12 cm de diamètre, ne vous attendez pas à la voir croître vigoureusement ; le pot doit avoir au moins 20 cm de diamètre.

Les pots de terre : ils conviennent en principe mieux aux plantes condimentaires que les pots en plastique. La plupart des herbes préfèrent un sol plutôt sec et les pores minuscules de la terre cuite laissent échapper beaucoup d'humidité.

Les pots en plastique : ils ne laissent évaporer l'eau que par la surface du substrat. Ils ne conviennent donc que pour les plantes qui aiment l'humidité : persil ou ciboulette.

L'emplacement : si vous voulez cultiver un certain nombre de plantes condimentaires, les pots risquent de prendre beaucoup de place.

Voici quelques solutions :

- étagez-les, en plaçant, par exemple, sur un banc, en haut les plantes qui aiment le soleil, et en bas celles qui préfèrent la mi-ombre ;
- vous pouvez aussi organiser une étagère sur le même principe (voir illustration page 11) ;
- installez sur la largeur de votre balcon un support avec trois marches, facile à fabriquer vous-même si vous disposez de quelques planches solides ;
- le rebord extérieur de la fenêtre qui donne sur le balcon est un bon emplacement pour les herbes en pots. On peut les associer à des potées fleuries.

Un bac en bois sur roulettes

Taillez le fond, les côtés et la partie supérieure (à l'aide d'une boîte à onglets), percez les trous d'écoulement dans le fond. Assemblez et vissez les côtés, puis collez-les sur le fond afin qu'ils dépassent un peu, mais sans toucher les roulettes. Assemblez le rebord supérieur par collage et vissage, puis enduisez l'intérieur de silicone.

Les jardinières
Elles vous permettent d'économiser de l'espace sur votre balcon. Dans un bac suffisamment grand, vous pouvez cultiver une grande quantité d'herbes différentes.
La taille : le bac doit être assez grand et profond pour que les racines des plantes y trouvent place. Dans un bac de 60 cm sur 40 cm, vous pouvez faire pousser au moins cinq plantes.
Le matériau : les bacs en bois sont beaux, mais on trouve aussi de très jolis contenants en plastique. A l'inverse des pots individuels, ce matériau est même préférable pour les jardinières de grande taille, puisque l'eau va s'évaporer moins vite (la surface du sol est importante). Les bacs en ciment sont trop lourds pour le balcon.
L'emplacement : on trouve des jardinières de toutes tailles et de toutes formes dans le commerce. Profitez en : un bac triangulaire occupera intelligemment un angle, des petits bacs hexagonaux mis côte à côte forment un jardin. Les jardinières rondes prennent beaucoup de place. On peut tout à fait utiliser les jardinières pour fleurs de balcon pour y faire pousser des plantes condimentaires. Accrochez-les à la rambarde ou placez-les sur des supports étagés ou sur le rebord de la fenêtre.
Fabriquez vous-même votre jardinière en bois (illustration ci-dessus).
Respectez les points suivants :
- le bois dur (chêne ou hêtre) résiste plus longtemps que le bois tendre (sapin ou pin) ;
- assemblez les diverses parties par tenons et mortaises ou avec des vis inoxydables. Les clous rouillent très vite ;
- prévoyez des trous dans le fond du bac pour l'écoulement de l'eau, et placez la jardinière sur des petits pieds ou des roulettes afin que l'air circule toujours facilement en dessous. Si le fond reste humide en permanence, il va pourrir en peu de temps ;
- badigeonnez l'intérieur de votre jardinière avec un produit qui n'est pas nocif pour les plantes ou avec du silicone. Si vous le chemisez d'un feuillet plastique, faites-le uniquement sur les côtés, le fond doit absolument rester perméable à l'eau car les plantes condimentaires craignent l'eau stagnante.

Mon conseil : placer votre bac à plantes sur des roulettes, au printemps ou à l'automne, vous pourrez le déplacer facilement pour qu'il reçoive le maximum de soleil.

Une serre murale
On trouve dans le commerce des serres murales étroites de différentes tailles. Veillez à ce que l'aération transversale soit suffisante. Derrière les vitres, la température peut devenir intenable les jours de grand soleil, même pour des plantes qui aiment la chaleur.
Dans une serre murale, vous pouvez démarrer vous-même vos herbes aromatiques au printemps, de même que toutes vos fleurs de balcon. Si la serre est contre un mur exposé au sud, prévoyez un ombrage. Il suffit d'un store de bambou ou d'un rideau de coton.

En suspension
Préférez les récipients de terre, de bois ou de plastique, mais aussi les corbeilles en fil métallique ou en osier. Il suffit de les tapisser d'un feuillet plastique où vous aurez percé suffisamment de trous pour l'écoulement de l'eau. Evitez de placer vos suspensions dans les courants d'air, qui sont très nocifs pour les plantes.
Attention : votre suspension doit être solidement accrochée, avec vis et chevilles.

Mon conseil : accrochez vos suspensions à la bonne hauteur pour ne pas avoir à prendre l'escabeau chaque fois que vous voulez prélever quelques pousses !

Un tonnelet à herbes
C'est une solution pratique et simple, et vous pouvez le placer n'importe où. Vos herbes auront de la place pour pousser, tout en

occupant peu d'espace.
On trouve dans le commerce des récipients en plastique percés de nombreux trous ou de petites poches.
Vous pouvez aussi le fabriquer vous-même :
- prenez un tonnelet de plastique de taille moyenne (illustration ci-contre) ;
- percez les flancs de plusieurs trous d'environ 15 cm de diamètre, où vous allez placer vos jeunes plants ;
- percez le fond du pot de plusieurs trous d'environ 6 mm de diamètre, pour l'écoulement de l'eau ;
- au centre du pot, placez un tuyau de carton empli de graviers : il fera office de réservoir d'eau ;
- puis vous emplissez le pot de graviers jusqu'à une hauteur de 20 cm environ ;
- utilisez un mélange de terre et de compost (voir page 16) ;
- pour que la terre et les plantes ne tombent pas par les trous, découpez dans du coton, de la toile à sac ou des bas nylon des morceaux un peu plus grands que les orifices du récipient. Au milieu de ces morceaux de tissu, faites un petit trou par lequel vous ferez passer les racines du jeune plant ;
- plantez de bas en haut : poussez le jeune plant au travers du trou, maintenez le bout de tissu le long de la paroi et emplissez enfin de terre ;
- le puits de carton doit rester vertical. Quand vous avez fini de planter, placez un pot de plastique sans fond au sommet du tuyau de carton, c'est par là que vous arroserez. Le carton va pourrir, mais il restera la colonne de gravier qui vous permettra des années durant d'arroser vos plantes.

Fabriquez un tonnelet à herbes

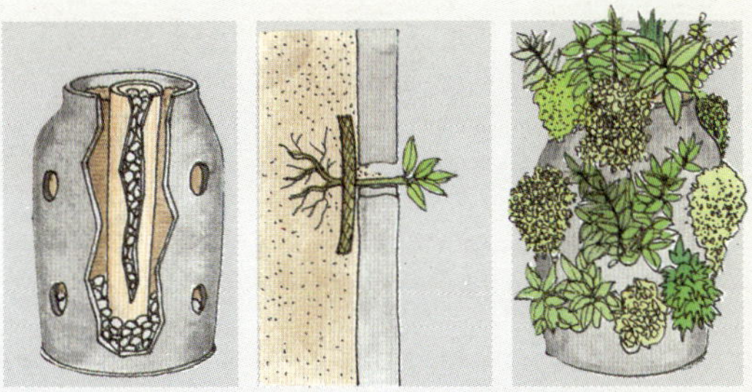

Percez des trous dans un pot de plastique, recouvrez le fond de graviers, faites un puits de carton au milieu et emplissez-le aussi de graviers. Plantez du bas en haut, en faisant passer les racines du jeune plant à travers un morceau de tissu percé, que vous placerez ensuite sur le bord intérieur du récipient avant d'emplir de terre.

Mon conseil : avec le temps, la terre se tasse et les racines la font tenir, elle ne risque plus de s'écouler par les trous. Vous n'aurez donc plus besoin de bout de tissu si vous voulez remplacer une plante.

Conseils pour les terrasses de plain-pied

De nombreux appartements en rez-de-chaussée possèdent une terrasse qui est plus ou moins de plain-pied avec la rue et n'a pas de rambarde. Mais vous pouvez y faire pousser vos plantes condimentaires de la même façon que sur un balcon ou une terrasse en étage. Vos plantes doivent recevoir suffisamment de soleil. N'oubliez pas qu'une haie fait beaucoup d'ombre. Si votre terrasse est ombragée par une pergola ou une marquise, placez vos plantes aromatiques sur le devant, à la lumière. Si votre terrasse est ensoleillée, disposez-les le long des murs.

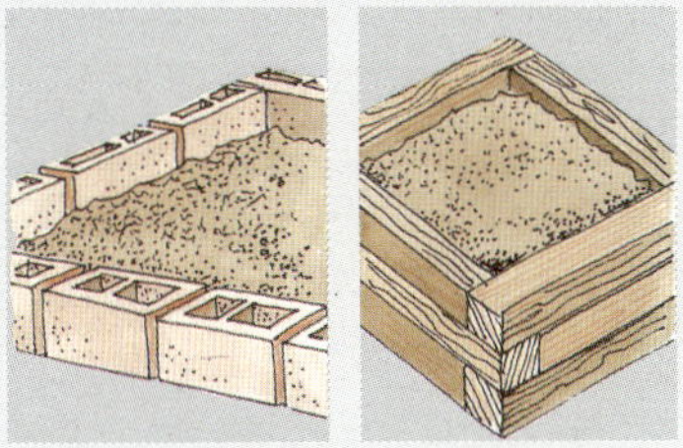

Jardinière sans fond
Posez des briques creuses côte à côte ou bien assemblez des planches avec équerres et vis.

Jardinière sans fond

C'est un bon moyen pour cultiver vos plantes condimentaires. Au printemps et en automne, couvrez-la d'un tunnel de plastique comme en plein air, pour pouvoir récolter des herbes très tôt et très tard dans l'année.
L'emplacement : il doit être définitif. Emplissez cette jardinière d'une grande quantité de terre (vous ne pourrez plus la déplacer). Préférez le bord de la terrasse, là où il n'y a pas de dalles : vous n'aurez pas de problème pour l'écoulement de l'eau. En procédant à cette installation au moment où vous faites la terrasse, cela vous fera économiser des dalles. Si vous placez votre jardinière sur les dalles, prévoyez l'écoulement de l'eau.

Construisez-la vous-même : (illustration page 9), il n'en existe pas dans le commerce ;
- le rebord ne doit pas dépasser 50 cm, sinon la pression de la terre qu'elle contient serait trop importante ;
- utilisez des planches de bois, ou des traverses de chemin de fer, empilées et assemblées avec des équerres. Des planches en arêtes vives assemblées par vis aux quatre coins.

Attention : les traverses de chemin de fer et le bois traité (renseignez-vous avant l'achat) contiennent des substances nocives pour les plantes, placez une feuille de plastique entre les parois et la terre. Si vous achetez du bois brut, traitez-le avec un produit non nocif, le bois non traité pourrit très rapidement. Autres possibilités : on peut construire la jardinière avec des briques ou des parpaings creux simplement posés côte à côte. On peut emplir les parpaings de terre pour y planter d'autres herbes.

Important : si votre jardinière est posée sur les dalles de la terrasse, faire une installation pour l'écoulement de l'eau. Si la jardinière est en bois, taillez à la scie des ouvertures juste au-dessus du sol à 20 cm les unes des autres. Si elle est en pierre, percez des trous avec une mèche adéquate.
- Quand votre jardinière est prête, disposez sur le fond 10 cm de graviers, que vous recouvrirez d'une couche de drainage avant d'emplir de mélange.

Parfum et couleur
Un buisson de lavande vous apporte parfum et couleur. Sur le balcon, on peut le planter parmi les bacs de fleurs.

Mon conseil : en général, les terrasses sont très légèrement inclinées vers l'extérieur pour faciliter l'écoulement des eaux de pluie. Vérifiez avec un niveau que cette pente (environ 2 %) existe bien. Si ce n'est pas le cas, ne faites pas de trou d'écoulement du côté de l'habitation.

Un support étagé

Sur la terrasse, il sera accessible des deux côtés, et vous pouvez le faire un peu plus haut que celui prévu pour un balcon. Des marches suffisamment élevées, disposées de chaque côté vous procurent beaucoup d'espace pour des pots et des terrines emplis d'herbes parfumées.
Quelques conditions à respecter :
- la marche supérieure doit être deux fois plus large que les autres. On peut y mettre des pots de grande taille ;
- votre support doit être stable car il doit résister à une charge importante ;
- placez-le de telle sorte qu'il reçoive le soleil de tous les côtés. La meilleure disposition est est-ouest, en plaçant les plantes les plus avides de soleil à l'extrémité sud.

Des herbes tout autour de la terrasse

Vous pouvez installer vos plantes condimentaires tout autour de la terrasse parmi les bacs de fleurs. La plupart du temps les terrasses sont un peu surélevées, le matériau utilisé est poreux, le sol restera donc suffisamment sec. Si vous avez organisé un jardin de rocaille, toutes les plantes méditerranéennes s'y trouveront bien : origan, thym, marjolaine, romarin et sauge.
En outre, les pierres conservent la chaleur et la restituent la nuit. Placez les autres plantes parmi les arbustes et les fleurs d'été. Associez les plantes qui ont les mêmes exigences en nourriture et en eau.

Au jardin

C'est là qu'elles pousseront au mieux. Même sur un bout de jardin trop petit pour faire pousser des légumes, un coin d'herbes aromatiques au milieu du gazon peut être agréable à l'œil. On peut imaginer d'autres dispositions que la plate-bande traditionnelle.

Talus d'herbes aromatiques

S'il est planté serré et bordé de fleurs d'été de petite taille, il sera à la fois beau et utile.
Comment faire :
- avec une corde, un bâton et de petits bouts de bois, tracez un cercle au milieu de la pelouse et enlevez l'herbe ;
- ameublissez la terre sur la profondeur d'une bêche environ ;
- le long du tracé, montez un muret sec d'environ 50 cm de haut en cailloux ; posez les cailloux les uns sur les autres sans mortier. Vous emplirez les interstices de terre pour installer des plantes de rocaille ;

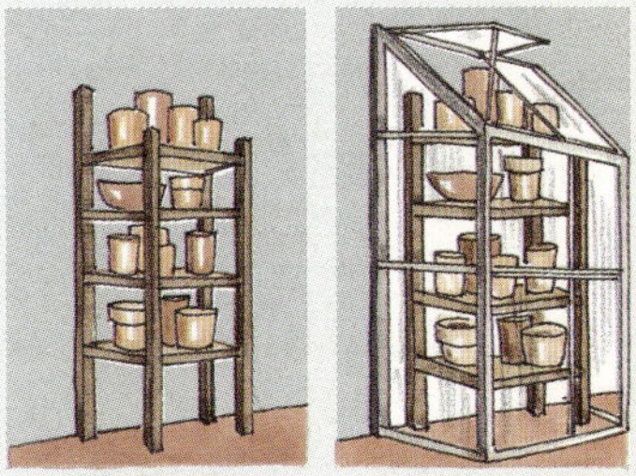

Serre de balcon
Au printemps et à l'automne, vous pouvez transformer en serre une simple étagère murale. Les serres se trouvent dans le commerce.

- à l'intérieur du cercle ainsi fabriqué, placez du gravier sur 10 cm environ, pour assurer le drainage, puis le sol – terre de jardin, sable et compost – jusqu'à fabriquer un petit monticule ;
- tout en haut du talus, vous planterez les herbes de grande taille, les autres plantes seront disposées sur les flancs en fonction de leurs besoins en soleil.

En colimaçon
C'est une autre forme de talus. Elle vous offre une plus grande diversité d'emplacements.
Comment procéder :
(illustration ci-dessous)
- montez un muret sec en morceaux de briques ou en cailloux, en forme de coquille d'escargot. La partie la plus haute ne doit pas dépasser 80 cm ;
- emplissez la coquille ainsi formée de pierraille, puis d'un mélange pas trop riche de terre, compost et sable ;
- la terre de la partie supérieure doit être particulièrement pauvre, c'est là que vous installerez toutes les plantes de plein soleil ;
- vers le bas de la spirale, là où elle s'aplatit, enrichissez le sol avec davantage de compost pour les plantes qui ont besoin d'une nourriture plus substantielle.

Mon conseil : à l'extrémité inférieure de la spirale, vous pouvez placer un étang minuscule. Une cuvette de plastique enterrée suffit, vous y ferez pousser du cresson de fontaine et de la menthe aquatique.

En massif
C'est la solution la plus simple pour faire pousser vos plantes condimentaires au milieu de la pelouse.
Comment procéder :
- tracez un cercle bien délimité au milieu de la pelouse et ôtez l'herbe ;
- ameublissez le sol et rajoutez-y un mélange de terre, compost et sable ;
- vous pouvez entourer votre massif de fleurs à basses tiges.

Jardin suspendu
Il sera installé en pleine terre, jamais sur un sol dallé ou cimenté.
Comment procéder :
- construisez un bâti carré d'au moins 1 m de haut, en planches, traverses de chemin de fer ou en briques. Il doit être bien ancré dans le sol (construisez des fondations ou fixez les planches dans le sol) pour résister à la pression d'une grande quantité de terre ;
- pour que l'eau puisse bien s'écouler, ameublissez le sol tout autour de votre jardin suspendu ;
- emplissez le bâti : au fond, sur environ 40 cm de haut, vous mettrez des branchages et autres matériaux décomposables : d'abord de grosses branches grossièrement coupées, puis des branches plus petites hachées, recouvertes de feuilles mortes, de tontes de gazon et autres matériaux du même genre ;
- ajoutez alors du terreau (une couche de 40 cm) puis 20 cm d'un mélange de terre de jardin, compost et sable ;
- le jardin suspendu va se tasser au fil des ans, à mesure que la couche inférieure se décompose en dégageant une grande quantité de chaleur, utile aux plantes. Chaque année, il vous faudra rajouter par le haut un peu de mélange de terre et de compost ;
- vous pouvez planter des espèces différentes semées très serré puisque les racines vont pouvoir s'enfoncer profondément dans le sol bien meuble. Sur le pourtour, vous planterez des fleurs à port retombant ou des légumes à tige rampante.

Jardin pyramidal
Il se fabrique de la même façon qu'un jardin suspendu.
La pyramide se compose de trois caisses sans fond dont chacune mesure environ 40 cm de haut.
Comment procéder :
- ameublissez le sol profondément à l'endroit où vous voulez installer votre jardin.
- placez la première caisse que vous emplirez de débris de bois et de terre comme pour le jardin suspendu.
- la deuxième, puis la troisième caisse – chacune un peu plus petite que la précédente – seront

Fabriquez un muret pour vos herbes aromatiques

Montez un muret sec en pierre ou avec des briques (ne dépassant pas 80 cm). Emplissez-le de terre, plus riche en bas qu'en haut. Placez un petit étang au pied de la spirale. Plantez les herbes de plein soleil en haut, celles qui ont de plus grands besoins nutritifs en bas.

Jardin pyramidal, jardin suspendu.

Construisez une caisse d'environ 1 m de haut, en planches (à gauche) ou en briques (à droite). Le grillage du fond est une protection contre les taupes. Pour le jardin pyramidal, placez une caisse un peu plus petite sur la première (milieu). Plantez vos herbes aromatiques serrées, placez des plantes à port retombant sur le pourtour (concombres, fraises, fleurs).

placées puis emplies de la même façon.

Mon conseil : la pyramide, avec ses trois niveaux, offre à vos plantes condimentaires les conditions optimales. Emplissez la caisse inférieure du mélange le plus riche pour les herbes qui ont de grands besoins nutritifs (voir les indications pages 40 à 60), la caisse la plus élevée recevra en revanche un mélange plus pauvre, plus calcaire, pour les plantes des contrées ensoleillées.

Tout autour de la pelouse
Vos plantes aromatiques pousseront très bien dans les plates-bandes autour de la pelouse si vous veillez à les placer parmi les arbustes qui ont les mêmes exigences en eau, fertilisants et lumière. Pensez que certaines herbes vont atteindre une taille importante au cours de l'été, veillez à ce qu'elles aient assez de place.

La plate-bande classique
C'est la solution la plus simple pour faire pousser les plantes condimentaires au jardin. Il vous suffit d'un mètre carré pour toutes les plantes. Veillez à ce que le sol soit suffisamment meuble et pas trop riche, au besoin, ajoutez du sable ou du gravier si le sol est argileux. Vous obtiendrez un effet très décoratif en entourant la plate-bande d'une haie très basse.

Dans l'arrière-cour

La végétation envahit de plus en plus l'arrière-cour ? Pourquoi ne pas y faire aussi pousser des herbes aromatiques ? Il faut bien sûr qu'elle soit ensoleillée. Très souvent le sol est inutilisable, il va vous falloir construire en hauteur avec des installations pour balcons et terrasses, par exemple le tonnelet à herbes (voir page 8). Mais les jardins suspendu (voir page 12) ou pyramidal (voir page 12) sont bien adaptés.

En jardinière sur le rebord de la fenêtre

Dans une jardinière, vous pouvez faire pousser tout un assortiment d'herbes aromatiques. L'air et la lumière leur sont profitables. Vous pouvez mettre votre jardinière à la fenêtre si :
- vous n'habitez pas plus haut que le cinquième étage (sinon, il y a trop de vent) ;
- le rebord extérieur est assez large ;
- vous pouvez installer des supports solides de telle sorte que votre jardinière soit suspendue sous le niveau de la bordure.

Attention : il ne doit y avoir aucun risque de chute.

Mon conseil : on trouve dans le commerce des couvercles de plastique transparent pour les jardinières qui protègent vos plantes du vent et de la pluie.

Devant une fenêtre

Vous pouvez aussi faire pousser des plantes condimentaires à l'intérieur, devant une fenêtre. Mais il faut savoir qu'elles ne pousseront pas comme à l'extérieur. Les plantes qui ne reçoivent pas directement le soleil ne développent pas le même arôme que celles qui poussent en plein air. Certaines herbes se prêtent cependant assez bien à la culture en intérieur. Préférez les herbes annuelles, en sachant que vous les remplacerez par d'autres quand la récolte sera terminée.
Quelles plantes choisir ?
Basilic, cerfeuil, cresson, mélisse, persil, pimprenelle, thym et ciboulette.
L'exposition : préférez une fenêtre à l'est ou à l'ouest. Une exposition plein sud est trop chaude, même pour les plantes de plein soleil, surtout en été. Une fenêtre au nord ne fournira pas suffisamment de lumière.
Important : les plantes poussant devant une fenêtre doivent être arrosées plus souvent qu'en plein air car elles se dessèchent plus vite. L'air d'une pièce est toujours beaucoup plus sec que celui de l'extérieur, même en été. Vaporisez-les avec de l'eau non calcaire.

1. Basilic vert

2. Basilic rouge

3. Basilic frisé

4. Cerfeuil

5. Origan

6. Estragon

Légendes des illustrations
1 - Basilic vert : l'espèce verte est la plus parfumée.
2 - Basilic rouge : les espèces rouges sont très décoratives.
3 - Basilic frisé : l'espèce "green ruffles" est encore rare.
4 - Cerfeuil : il a, quant à lui, un développement rapide, même en pots.
5 - Origan : il lui faut beaucoup de place.
6 - Estragon : il repousse sans arrêt si on coupe régulièrement l'extrémité des tiges.

Mon conseil : Quand il fait chaud, sortez les plantes condimentaires que vous cultivez devant la fenêtre. Le soleil et l'air frais amélioreront leur arôme. Mais assurez-vous que les pots et jardinières ne risquent pas de tomber !

Quels récipients utiliser ?
Les pots de fleurs : ils sont les plus indiqués. Préférez les pots de terre à ceux de plastique, même si cela vous contraint à des arrosages plus fréquents. L'eau qui stagne et les pieds au frais sont mortels pour la plupart des plantes condimentaires. Si vous utilisez des cache-pots décoratifs, il faut absolument contrôler, une heure après l'arrosage, qu'il ne reste pas d'eau au fond du cache-pot.
Les jardinières : elles offrent une bonne alternative. Dans une jardinière de terre cuite, par exemple, placez une série de pots à herbes et emplissez les interstices d'argile expansée ou de tourbe. La tourbe et l'argile expansée captent l'humidité qui s'écoule des pots et la restituent

1- Persil plat

2 - Mélisse citronnelle

3 - Menthe poivrée

4 - Marjolaine

5 - Romarin

6 - Sauge

peu à peu à mesure des besoins des plantes. L'eau ne risque pas de stagner et les arrosages sont moins fréquents. Un autre avantage : l'humidité du matériau de remplissage s'évapore lentement et fournit l'humidité atmosphérique nécessaire aux feuilles, ce qui est excellent pour toutes vos plantes.

Vitrine

Avec une vitrine vous offrez à vos plantes les meilleures conditions d'éclairement. Mais vous ne pourrez y mettre que des pots et des sujets de petite taille.

Comment procéder :

- fixez plusieurs étagères étroites entre deux cordes de nylon ou deux fils de fer solides ;
- stabilisez le tout en fixant des boules de bois à la partie inférieure ;
- accrochez l'étagère avec vis et chevilles au cadre supérieur de la fenêtre.

Important : ce genre d'étagère ne convient que pour des fenêtres qui ne s'ouvrent ni ne basculent.

Légendes des illustrations

1- Persil : l'espèce plate est plus parfumée.

2 - Mélisse citronnelle : grand développement, même en pot.

3 - Menthe poivrée : elle répand un parfum agréable.

4 - Marjolaine : elle résiste très mal au froid.

5 - Romarin : il est à la fois aromatique et décoratif.

6 - Sauge : elle est aromatique et thérapeutique. Les espèces multicolores sont les plus décoratives.

Bien choisir le support de culture

Quand on cultive des plantes condimentaires en pots ou dans un tout petit coin de jardin, il faut bien choisir la terre pour les voir prospérer. La plupart d'entre elles sont peu exigeantes, mais elles ont tout de même besoin de certains éléments nutritifs. Dans les pots, à l'inverse du jardin, les éléments que la plante puise dans le sol ne se renouvellent pas naturellement.

La terre des pots

En pleine terre, les éléments nutritifs se renouvellent d'eux-mêmes. Des millions de micro-organismes et de vers de terre ne cessent de remuer le sol.
Les herbes aromatiques, qui n'ont pas de grandes exigences en fertilisants, poussent des années durant sans problème au jardin.
Il n'en va pas de même dans les pots. Comme vous ne pouvez pas fertiliser abondamment vos plantes condimentaires (voir page 26) la terre des pots est épuisée au bout d'une année. Dès la plantation vous devez fournir à vos herbes les éléments nutritifs qui conviennent, en quantité suffisante, pour pallier le peu de place dans le pot. Chaque année vous devrez renouveler la terre, vous pourrez la réemployer pour vos fleurs de balcon, en la mêlant à du terreau enrichi.

Les substrats du commerce

Le terreau pour fleurs : il ne convient pas, en général, pour les plantes condimentaires. A la limite, la livèche, la ciboulette, l'estragon et la bourrache peuvent pousser dans un mélange de terreau pour fleurs, sable et compost.
Ce terreau est riche en fertilisants, alors que la plupart des plantes condimentaires n'en demandent que de faibles quantités.
Beaucoup ne pousseront pas du tout dans un terrain trop riche, d'autres vont atteindre un grand développement, mais perdront leur arôme.
Les mélanges à base de tourbe : les terreaux de tourbe conviennent très bien. Ce sont des mélanges de terre argileuse et de tourbe, très légèrement enrichis. Ceux qui ne contiennent pas d'engrais conviennent pour le démarrage de vos cultures et pour les plantes de sol pauvre. Certains sont légèrement enrichis : pour les plantes condimentaires il faut y mêler un peu de sable et de compost, et éventuellement de la chaux.
Le terreau de rempotage : c'est un mélange de terre argileuse, de tourbe et de billes de matériaux expansés qui servent à ameublir le sol. C'est un très bon support pour la culture des plantes condimentaires, mais il faudra y ajouter du sable ou du compost, ou les deux, en fonction des besoins particuliers de chaque plante.
La tourbe : elle ne contient aucun élément nutritif, mais elle a la propriété de bien retenir l'eau. Rien ne pousse dans la tourbe pure. Les herbes qui préfèrent un sol très pauvre poussent bien dans un mélange à parties égales de tourbe, sable (ou gravier très fin) et compost.

Les mélanges qui ne coûtent rien

Vous pouvez utiliser de la terre de jardin ou de la terre prélevée en pleine nature pour vos plantations en pots. Ces mélanges doivent cependant être améliorés. Si vous avez déjà essayé de cultiver une plante en pot dans de la terre de jardin, vous savez que celle-ci se compacte très vite et forme un bloc dur comme de la pierre.
La terre de jardin : si vous avez besoin de petites quantités, vous en trouverez chez vos amis qui possèdent un jardin, ou chez un horticulteur complaisant, si vous avez la chance d'en connaître un. Soyez attentif à la qualité de cette terre :

- un sol sableux nécessitera peu ou pas du tout d'apport de sable, par contre, ajoutez un peu de tourbe et d'argile afin qu'il retienne mieux les éléments nutritifs et l'eau ;
- le meilleur sol est la terre humifère des plates-bandes, à la fois meuble et grumeleuse. Ajoutez du sable ou de la tourbe, et un peu de compost.

Un sol argileux ne convient pour la culture des plantes condimentaires que si vous le mélangez à parties égales avec du sable, de la tourbe ou du compost.

Les taupinières : c'est une bonne terre, qui ne contient pas de graines de mauvaises herbes. Mais elle est assez pauvre puisque les taupes creusent dans les couches les plus profondes du sol. Suivant la nature du sol, elle sera plutôt argileuse ou sableuse, vous devrez donc l'amender comme la terre de jardin avant d'y faire pousser vos herbes. Ajoutez des engrais retard et davantage de compost que pour la terre de jardin, qui contient déjà des éléments nutritifs.

Le mélange idéal
Il varie suivant les besoins de chaque plante, qui sont eux-mêmes fonction de son origine. N'oubliez pas que les herbes aromatiques sont des plantes sauvages ! Plus la terre est proche de celle où elles sont à l'état naturel plus elles pousseront.
La qualité de terre qui convient à chaque plante est indiquée sur le tableau de la page 18. On classe les supports de culture en trois groupes :
sol très pauvre : on mélange une partie de terreau de tourbe, une de sable et une de compost. Il faut parfois ajouter de la chaux, (voir page 28), à raison d'une cuillerée à café par pot ;
sol moyennement riche : on mélange deux parties de terreau de tourbe ou de terre de jardin et une partie de compost, ainsi qu'un peu de tourbe ou de sable (une poignée pour un pot de 20 cm de diamètre) ;
sol riche : on mélange une partie de terre de jardin ou de terreau de tourbe et deux parties de compost. Ajoutez de la tourbe ou du sable si la terre de jardin est très argileuse.
Comment faire le mélange : Mêlez bien tous les éléments du sol. L'opération est plus facile à

L'hysope, décorative, est très utilisée dans la cuisine végétarienne.

La rue est trop grande pour le balcon, mais superbe dans un jardin.

Le mélange qui convient à vos plantes condimentaires

Pauvre	Mi-riche	Riche
Cresson	Aneth	Bourrache
Marjolaine	Basilic	Capucine
Mélisse	Cerfeuil	Estragon
Origan	Ciboulette	Livèche
Romarin	Menthe poivrée	Laurier
Sauge	Persil	
Thym	Pimprenelle	
	Sarriette	

réaliser à sec. Seule la tourbe doit être légèrement humide ;

- déposez les ingrédients dans un grand bac ou sur une bâche en plastique ;
- émiettez les mottes à la main et tamisez le sable ;
- faites soigneusement votre mélange, à la main ou avec une petite pelle, et répartissez-le dans les pots et les bacs ;
- après l'arrosage, le sol va se tasser. Gardez un peu de substrat pour compléter les pots.

Comment alléger la terre
Les bacs et les jardinières de grande taille peuvent devenir très lourds quand ils sont emplis de terre.
Il peut être préférable d'alléger la charge des pots, surtout sur le balcon où vous pouvez être amené à les déplacer, ou bien si vous voulez les rentrer en hiver.
Remplacez le sable ou la tourbe par des billes de matériaux expansés, argile ou perlite tout en sachant que l'argile expansée a tendance à retenir l'eau et risque donc de peser.
Attention : Le vent peut renverser vos bacs ou jardinières, ils ne doivent pas être trop légers.
Des plantes de grande taille comme le romarin ou le laurier se développeront mieux dans un mélange assez lourd.

La terre des mini-plates-bandes

Si vous possédez un jardin suspendu ou un talus en spirale, quelques seaux de terre de taupinière ou un sac de terreau de tourbe ne suffiront probablement pas.
Procurez-vous de la terre de jardin. Préférez de la terre végétale que vous mélangerez à du compost pour faire un sol qui convienne à vos plantes condimentaires (voir ci-contre).
La terre végétale : elle est vendue par les entreprises du bâtiment, ou par les grandes entreprises horticoles. Pour un talus à plantes condimentaires ou un jardin suspendu, il vous suffit, tout au plus, d'un ou deux mètres cube.
Un conseil : ne commandez jamais votre terre végétale par téléphone, allez la voir sur place.
Dans le commerce, il arrive fréquemment qu'on vous vende pour de la terre végétale de la terre de remblai ; cette terre ne contient aucun élément nutritif, elle est souvent grasse, argileuse et ne convient pas à la culture des plantes condimentaires.

Mélanges pour plate-bande
Comme pour la culture en pots, vous devez respecter les exigences particulières des plantes condimentaires que vous voulez cultiver.
Sol très pauvre : terre végétale (ou terre de jardin) mêlée à part égale avec du sable et du compost.
Sol mi-riche : deux parties de terre végétale, une de compost, auxquelles on ajoute environ cinq seaux de sable par mètre cube de mélange.
Sol riche : une partie de terre végétale et deux de compost.
Si la terre végétale est très dense, ajoutez du sable.
Comment faire votre mélange :

- procédez à sec ;
- émiettez les mottes et retirez tous les bouts de bois et les cailloux que contient la terre végétale ;
- avec la pelle, mélangez les différents éléments sur un emplacement bien nettoyé.

Plusieurs mélanges différents sur une même plate-bande
C'est possible, et même nécessaire si vous voulez planter des espèces différentes.
La répartition des différents mélanges sur une pyramide ou un talus vous est indiquée page 12.
Voici encore quelques indications si vous plantez un talus ou un tonnelet à herbes :

- sur un talus, mettez la terre riche dans un trou et plantez-y les herbes aromatiques qui exigent un tel sol ;
- dans un tonnelet à herbes, placez dans les trous latéraux les herbes qui préfèrent un sol pauvre. Tout en haut, vous mettrez une couche de 20 cm de terre riche et plantez-y des plantes plus "gourmandes".

Le compost

Les plantes condimentaires sont des aliments, ne les fertilisez qu'avec des engrais organiques. Les engrais minéraux sont la plupart du temps trop riches en éléments azotés (voir page 26). Le compost est l'engrais idéal pour toutes les herbes aromatiques, y compris celles qui poussent en terrain pauvre. Mais vous pouvez utiliser d'autres engrais organiques (voir page 27). On trouve du compost tout préparé en petites quantités dans les jardineries et les grandes surfaces. Préférez le compost fabriqué à partir de déchets de végétaux.

Faire son compost

Dans un jardin, c'est très facile. Mais si vous n'avez qu'un balcon, vous n'aurez pas de difficulté pour faire votre compost, sans aucune mauvaise odeur.

Sur le balcon ou la terrasse : il suffit de laisser un sac à compost dans un coin à exposition chaude :

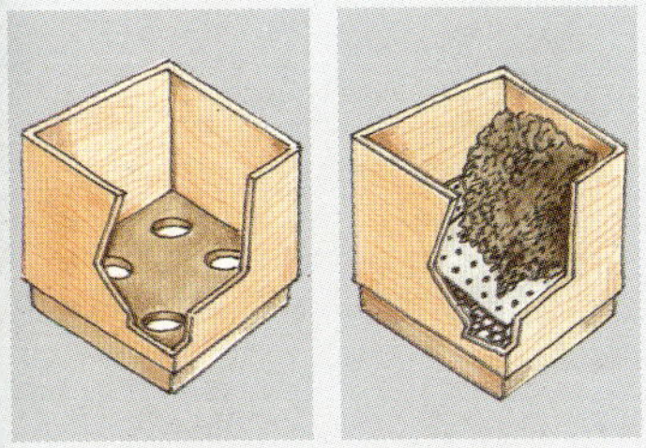

Le drainage des jardinières
Percez des trous pour l'écoulement de l'eau. Mettez du gravier, une toile de drainage remonté le long des parois. Complétez avec la terre.

- emplissez-le régulièrement d'épluchures de légumes, de bouquets fanés, etc. Pour 10 l de mélange, ajoutez une poignée d'activateur pour compost. Le contenu du sac va se décomposer rapidement ;
- si vous avez une cheminée, vous pouvez ajouter deux à trois pelletées de cendres par sac ;
- au bout de six à neuf mois vous aurez un compost très nutritif mais qui aura diminué de moitié dans le sac.

Au jardin : si vous en avez la possibilité, vous pouvez fabriquer un silo ou un réservoir à compost.
Pour cela, on procède comme avec le sac à compost.
Votre silo ne doit pas être placé en plein soleil, et vous devrez l'arroser de temps en temps quand il fait très sec.

Le drainage

Vous aurez beau choisir les meilleurs ingrédients pour votre sol, faire le mélange optimal, rien ne poussera si l'eau stagne dans vos bacs et jardinières. Le sol devient trop compact, les racines ne peuvent plus puiser les éléments nutritifs et l'oxygène, et la plante dépérit. Le drainage est donc un élément capital.

Dans les pots : il suffit de placer un tesson de poterie sur le trou d'écoulement et de mettre 2 cm de graviers ou de débris de poterie dans le fond du pot. Le trou ne risquera pas de se boucher.

Dans les bacs et jardinières : vous devez percer des trous d'écoulement (un seul ne suffit pas). Déposez au fond du bac une couche de 5 à 10 cm de graviers, de débris de poterie, d'argile expansée ou de billes de polystyrène expansé.
Posez une toile de drainage sur le dessus, pour empêcher les éléments du sol de venir boucher les interstices. Faites remonter légèrement la toile de drainage le long des parois (illustration ci-contre).

Jardins suspendu et pyramidal ou jardinière sans fond : ils ont besoin d'un drainage encore plus soigné.

- Ameublissez le sol sur la profondeur d'une bêche à l'endroit de la plantation ;
- emplissez le fond de graviers grossiers ou de tessons de poterie ;
- mettez une couche de branchages en morceaux avant le remplissage final.

Important : un bon drainage permet l'écoulement des eaux de pluie, même si l'averse est violente. S'il est insuffisant, l'eau débordera par-dessus le rebord de vos plates-bandes.

Semis ou jeunes plants ?

Votre choix de l'un ou l'autre mode d'obtention dépend de la place dont vous disposez, et aussi du choix que vous ferez entre plantes annuelles, bisannuelles ou vivaces. Les annuelles et bisannuelles se cultivent facilement à partir de semis sur le rebord de la fenêtre. Pour les vivaces, il est préférable d'acheter des jeunes plants.

Les semences

On trouve un très grand choix de graines de plantes condimentaires. Des petites quantités suffisent pour le balcon, la terrasse ou les petites plantations comme un talus ou un jardin suspendu.
Des graines fraîches : beaucoup de graines de plantes condimentaires ne germent que si elles sont parfaitement fraîches. Elles doivent donc être semées l'année même de leur récolte. Les bons producteurs de graines impriment la date de péremption sur le sachet. On trouve aussi des graines emballées sous vide, ce qui est une garantie de fraîcheur.

La germination

Ne perdez pas patience et maintenez le sol humide le temps nécessaire ! Pour cela, vous devez connaître le temps de germination de chaque espèce.
En appartement, la plupart des graines germent deux à quatre fois plus vite qu'en pleine terre (voir tableau ci-contre).

Semis sur le rebord de la fenêtre

Plus vous semez vos herbes tôt dans l'année, plus vous les cueillerez tôt. Faites vos semis dès février derrière la fenêtre et vous aurez en mai de jeunes plants vigoureux que vous pourrez mettre en terre.

Conseils de culture

Toutes les graines germent mieux quand l'air est confiné. Sous le couvercle transparent d'une mini-serre ou sous une feuille de plastique, il se forme un microclimat humide et chaud favorable à la germination. Il faut cependant aérer plusieurs fois dans la journée, dès l'apparition des premières feuilles pour éviter la formation de moisissures.
On trouve dans le commerce différents appareils et récipients qui vous permettront de fournir à vos graines les conditions idéales de germination.
Serres d'appartement, mini-serres : ce sont des cuvettes en plastique à fond plat avec un couvercle amovible en plastique transparent. Certaines vous permettent de disposer de deux ou trois zones de température différentes.
Des plaques chauffantes ou des résistances installées dans votre mini-serre ou sous les pots et terrines de germination maintiennent une température constante dans la terre.
C'est important si vous chauffez peu ou pas du tout la nuit.
Les pastilles de tourbe compactée : elles gonflent quand on les trempe et contiennent tout ce dont les graines ont besoin pour leur germination. Disposez-les côte à côte sur le fond d'un bac en plastique ou d'une mini-serre. Vous pouvez même faire germer ainsi des herbes sur une assiette, mais il faut maintenir la tourbe humide.
Des godets de tourbe pressée : on les utilise pour le repiquage. Vous n'avez plus besoin de

Temps de germination des plantes condimentaires (en jours)

Plantes	Dedans	Dehors
Basilic	4	7
Bourrache	4	14
Capucine	7	21
Cerfeuil	7	14
Ciboulette	5	14
Cresson	2	4
Estragon	3	8
Livèche	11	21
Marjolaine	3	7
Mélisse	7	28
Menthe	7	28
Origan	10	28
Persil	9	29
Primprenelle	4	14
Romarin	14	30
Sarriette	5	14
Sauge	5	12
Thym	5	10

Une étagère devant la fenêtre est idéale pour vos plantes qui recevront ainsi suffisamment de lumière.

dépoter les jeunes plants lors de la mise en place définitive. Les plantes se développent sans difficultés puisque la tourbe pressée devient molle dans le sol humide ou dans la terre du jardin et les racines la traversent facilement.
Organiser vous-même votre culture en vase clos (voir illustration page 22 en haut) : il existe plusieurs façons de créer un climat de serre favorable à la germination :

- mettez le mélange pour semis dans des pots évasés vers le haut ; après avoir semé, placez un bocal un peu plus grand renversé au dessus du pot de terre ;
- semez dans des caissettes à fond plat que vous avez tapissées d'un feuillet plastique et que vous recouvrirez d'une plaque de verre ;
- les graines de grande taille, que vous mettez directement en pots (capucine, bourrache) seront recouvertes d'un sachet pour congélation que vous soutiendrez à l'intérieur avec deux morceaux de fil de fer recourbés. Fixez alors le sachet au sommet du pot ;
- si vous possédez une serre de balcon (illustration page 11), vous pouvez aussi semer dans les caissettes de polystyrène expansé servant au conditionnement d'aliments. C'est un matériau très isolant. Vous placerez une vitre sur le dessus de la caissette.

Comment semer

Le terreau pour semis : il doit être aussi pauvre que possible. On trouve dans le commerce un substrat spécial, que vous mêlerez d'un peu de sable.

<u>La culture en vase clos</u>
Placez un bocal retourné au-dessus du pot ou fabriquez une cloche avec un plastique tendu sur deux arceaux de fil de fer et fixé autour du pot.

Autre possibilité : mélangez du terreau de tourbe ou de la tourbe pure avec un peu de sable et environ 10 % de compost d'herbes (dans les jardineries). Emplissez vos bacs à semis ou mini-serres avec deux doigts environ de ce mélange pour semis. Si vous semez en pots, emplissez-les jusqu'au bord.
Le semis : ne semez pas trop serré, sinon vos graines auront du mal à germer et les plantules se gêneront mutuellement.
Exceptions : le cresson, le cerfeuil, la ciboulette doivent au contraire être semés serré.
Attention : avant de semer vos plantes condimentaires, vous devez savoir si elles germent à la lumière ou dans l'obscurité ? C'est indiqué sur le sachet ;

- les graines qui germent à la lumière ne doivent pas être recouvertes de terre. Semez-les à la surface du sol et recouvrez le tout d'une feuille de papier blanc ;
- les graines qui germent dans l'obscurité doivent être enfoncées dans le sol ou recouvertes d'une mince couche de terre, d'environ quatre fois l'épaisseur de la graine. Ainsi, une graine d'1 mm de diamètre sera recouverte par 4 mm de terre.

Maintenir l'humidité des graines et éclaircir

Les graines semées vont vous demander encore quelques soins.
Maintenir l'humidité : aucune graine ne germe sans eau. C'est l'eau qui suscite la germination et permet à la semence d'activer toutes les substances qui feront d'une graine minuscule une plante de belle taille. Dès que vous avez semé, vous devez donc humidifier le sol avec un vaporisateur (jamais avec l'arrosoir). Le sol doit être maintenu humide jusqu'à ce que les germes pointent à la surface. Ne perdez pas patience, si vous laissez le sol se dessécher, le germe meurt.
Eclaircir : dès que vous pouvez saisir les germes entre deux doigts, enlevez-en suffisamment pour que chaque plantule soit bien isolée. Ce n'est pas nécessaire si vous avez semé suffisamment clair. Ôtez aussi le couvercle car les plantules ont maintenant besoin d'air frais pour se développer. Mais elles ne supportent absolument pas les courants d'air (attention aux fenêtres entrebâillées). Si vos jeunes plantules restent trop longtemps en vase clos, elles vont s'étioler. Continuez à arroser régulièrement les jeunes plantes, mais ne les noyez pas ; elles sont encore très fragiles.

Le repiquage

Quant les plantules ont atteint 5 à 7 cm, repiquez-les (illustration page 23 en haut). Replantez-les dans des godets de repiquage en tourbe pressée ou dans des petits pots. Suivant l'espèce, on les repique une à une ou en touffe (voir indications pages 40 à 60).

Comment repiquer

La terre des nouveaux pots ne doit pas être riche, un mélange de terreau de tourbe avec un peu de sable et de compost convient parfaitement :

- avec un bâtonnet, retirez avec soin la plantule du sol :
- plantez le bâtonnet dans le nouveau sol, tournez un peu, la plante va venir se loger dans le trou ainsi formé ;
- arrosez doucement pour que la terre entre bien en contact avec les racines ;
- après quelques jours, mettez les plantes dans un endroit un peu plus frais pour qu'elles s'endurcissent peu à peu. Quand il fait chaud, vous pouvez placer vos plantes repiquées sur le balcon, mais pas en plein soleil ni dans les courants d'air !

Les graines qui germent à la lumière ou dans l'obscurité

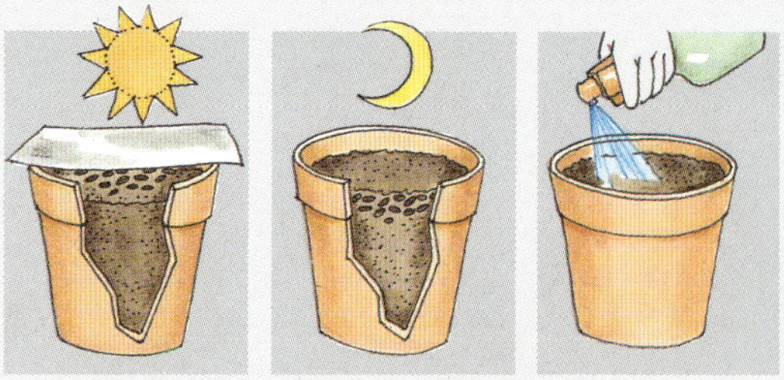

Si elles germent à la lumière, enfoncez très légèrement les graines dans le sol, puis recouvrez d'une feuille de papier. Dans le cas contraire, recouvrez-les d'une couche de terre 4 fois plus épaisse que la graine. Vaporisez pour maintenir l'humidité constante jusqu'à la germination.

• Vers la mi-mai (si vous avez semé fin février) les jeunes plantes peuvent être mises en place dans des pots plus grands (en respectant le sol qui convient à chaque espèce).

Mise en place à l'extérieur
Pour la plupart des plantes, il faut attendre la fin des gelées nocturnes, c'est-à-dire après la mi-mai. Les jeunes plantes sont très sensibles au froid, même les espèces ordinairement rustiques. Si vous avez élevé vos plantules en godets de tourbe pressée, plantez-les dans vos pots ou jardinières à l'extérieur sans les extraire des godets. Par contre, si vos plantules sont en godets de terre ou de plastique, il faut les dépoter avec leur motte pour les transplanter. Dans les nouveaux pots, le collet de la plante doit être au même niveau, à la surface du sol, que dans les godets. Arrosez pour que la terre de la motte se mêle bien à celle du nouveau pot.

Semer en pleine terre
Avant de semer, ôtez toutes les mauvaises herbes et les cailloux et émiettez les mottes les plus grosses. Les graines de plantes condimentaires sont petites, elles ont besoin d'une terre fine.
Quand semer : il faut attendre que le sol se soit réchauffé, vers la mi-mai.
Les semis précoces : vous pouvez semer avant la mi-mai si vous recouvrez le sol de votre plate-bande d'un feuillet de plastique entaillé, sous lequel la terre se réchauffera rapidement. Laissez le plastique en place jusqu'à ce que les gelées nocturnes ne soient plus à craindre. Grâce aux entailles, le plastique restera souple et ne gênera pas la croissance de la plante.

Eclaircir et repiquer

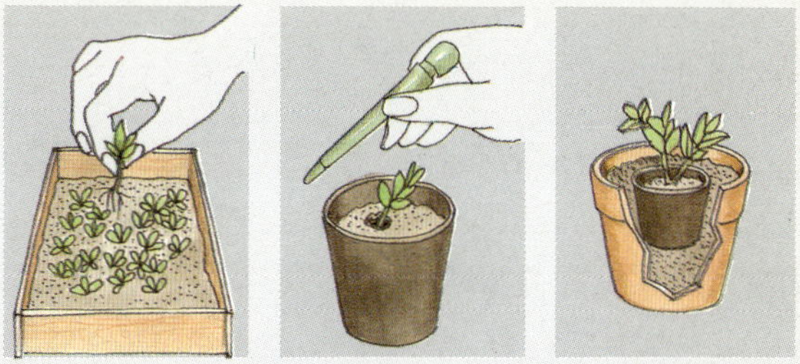

Eclaircissez les plantules de façon qu'elles ne se gênent plus. Quand elles atteignent 5 ou 7 cm, repiquez-les en godets de tourbe avec un bâtonnet. Vous mettrez en place la plante avec son godet : celui-ci se décomposera peu à peu dans le sol .

Comment semer : on procède comme pour les semis en terrine. Vous avez avantage à ne pas semer en lignes, mais plutôt largement à la volée ou le long d'une plate-bande de fleurs. Pensez à respecter les conditions de germination des graines (lumière ou obscurité) et ne semez pas trop serré pour ne pas avoir besoin d'éclaircir.

Mon conseil : les escargots raffolent des semis de plantes condimentaires. Recouvrez vos semis d'un paillis léger, au travers duquel les plantules pourront pousser, mais qui gênera la progression des escargots. Même en jardin suspendu ou en bac vos semis ne sont pas à l'abri de ces herbivores.

Maintenir l'humidité des semis en pleine terre et éclaircir
En pleine terre vous devez aussi vous occuper de vos semis.
Maintenir l'humidité : contrôlez régulièrement que la terre ne sèche pas. Sous une feuille de plastique ou sous une toile, le sol restera humide plus longtemps. Dès que vous apercevez les cotylédons vous pouvez ôter la couverture. Continuez à arroser très précautionneusement. Vous risquez cependant moins de noyer les jeunes plantes en pleine terre.
Eclaircir : toutes les espèces de grande taille doivent être éclaircies. Respectez les distances qui vous sont indiquées (pages 40 à 60) : si les plantes sont trop serrées, elles vont s'étioler.
Important : laissez en place les sujets les plus vigoureux.

Mon conseil : si vous semez en fin d'été, (période recommandée pour le persil), vous pouvez mettre quelques-unes des plantules éclaircies dans un pot que vous rentrerez dans la cuisine l'hiver.

Bien choisir le jeune plant
Ceux qui ont un port trapu (à gauche) pousseront mieux que ceux qui ont de longues pousses peu ramifiées (à droite).

Il faut un endroit chaud pour obtenir des plantes à partir de semis.

Culture à partir de jeunes plants

Si vous ne désirez qu'un ou deux pieds, achetez plutôt des jeunes plants – surtout s'il s'agit d'une plante vivace. Si vous voulez semer du romarin, il vous faudra attendre plusieurs années avant de pouvoir en récolter.

Quelques conseils avant d'acheter

Préférez une plante de taille moyenne, pour une cueillette précoce.
Les jeunes plants sont en général bon marché :

- achetez-les plutôt dans une jardinerie qui vend aussi des jeunes plants de légumes ;
- on trouve souvent des offres intéressantes sur les marchés au printemps ;
- les catalogues de vente par correspondance vous proposent aussi des jeunes plants d'herbes aromatiques.

Choisir des jeunes plants sains : (illustration page 23) ils sont en général trapus et buissonnants et doivent avoir une motte bien enracinée. Les plantes vivaces doivent être bien ramifiées.
Endurcir vos jeunes plants : cultivés en serre jusqu'au moment de l'achat, ils ont bénéficié d'un climat constant chaud et humide, sans ensoleillement direct. Vous ne devez pas les mettre en place immédiatement. Si vous les exposez sans précaution aux différences de température entre la nuit et le jour et au plein soleil, ils vont avoir un choc qui arrêtera leur croissance. Le soleil risque de brûler le feuillage. Aussi est-il important de les placer d'abord dans un endroit semi-ombragé et protégé, où les plantes ne sont exposées aux rayons du soleil que le matin ou le soir. Par la suite vous pourrez les mettre en place définitivement.

Rempoter les jeunes plants

Ils sont vendus dans des pots très petits : le rempotage est obligatoire et urgent.
En pots et bacs : après avoir prévu le drainage, déposez un peu de terreau de rempotage de sorte que la motte de la plante affleure le rebord du pot, puis complétez avec le terreau de rempotage.
En plein air : replantez chaque pied de sorte que le collet affleure la surface du sol. Tassez bien la terre autour de la plante et arrosez copieusement.

Arroser les jeunes plants

L'arrosage est très important au cours des trois semaines qui suivent la transplantation. Les racines du jeune plant doivent être bien en contact avec la nouvelle terre afin de s'y enfoncer pour développer un nouveau système radiculaire. Toutes les plantes condimentaires, même celles qui poussent ordinairement en terrain sec, ont besoin d'apports d'eau réguliers. Quand elles seront bien enracinées – vous vous en apercevrez à la formation de nouvelles pousses – vous pourrez espacer les arrosages.

La culture facile

Presque toutes les plantes condimentaires viennent du sud. Avec le soleil et la chaleur, elles fabriquent les substances et l'arôme qui nous les rendent précieuses. Mais heureusement, il n'est pas si difficile de créer de bonnes conditions, même sous un climat a priori peu favorable. Avec quelques soins, vos plantes condimentaires vont se développer aussi bien que dans leur Midi ensoleillé.

Le climat favorable aux plantes aromatiques sur le balcon ou la terrasse

Sur un balcon, une terrasse ou dans un petit jardin citadin, le climat n'est pas toujours identique à celui de la région. Les conditions de chaleur, d'ensoleillement et les vents forment un microclimat. Sur un balcon exposé au sud, ce microclimat peut être tout à fait méditerranéen, même si vous habitez le nord du pays ou une région montagneuse.

La lumière : au printemps et à l'automne, quand l'incidence des rayons du soleil est basse, le soleil pénètre plus loin sur votre balcon, votre terrasse ou dans la cour, qu'en plein été. Mais la durée d'ensoleillement est plus courte. En plein été, quand le soleil est au zénith, il n'atteint plus les coins reculés, mais l'ensoleillement dure beaucoup plus longtemps. Au printemps et en automne, quand le soleil est bas, les arbres et les immeubles voisins font davantage d'ombre qu'en plein été. Pensez à tous ces éléments quand vous choisissez l'emplacement de vos plantes condimentaires.

La chaleur : elle dépend bien entendu du climat et de la saison. Mais elle est toujours plus élevée de quelques degrés dans les emplacements abrités du vent. En ville, du fait de la calotte que forment les gaz d'échappement et la pollution, il fait nettement plus chaud qu'en rase campagne. Les murs et les pierres emmagasinent la chaleur et la restituent au cours de la nuit.

Le vent : évitez absolument les endroits éventés pour vos plantes condimentaires. Le vent refroidit considérablement l'air et le sol et assèche rapidement la terre.

La pollution : elle ne gêne pas la plupart des herbes aromatiques. Mais ces plantes sont destinées à l'alimentation, il faut donc les protéger de l'air trop pollué. Evitez de les planter au ras du sol, près d'une route très passante ou à proximité d'un garage.

Améliorer le microclimat

Il est tout à fait possible de transformer un emplacement peu favorable en paradis pour vos plantes condimentaires. Voici quelques conseils pratiques.

Augmenter la chaleur : les végétaux ont besoin de quelques degrés supplémentaires pour développer leur arôme :

- la température est plus élevée le long d'un mur blanc, au milieu des pierres qui emmagasinent la chaleur, sur des dalles sombres ou sur un sol de ciment ;
- l'eau chaude fournit le soir et la nuit un rayonnement chaud. Peignez en noir l'intérieur d'une bassine de métal et emplissez-la d'eau. Vous placerez vos plantes condimentaires tout autour, au niveau de la surface de l'eau ;
- les couvercles de verre captent beaucoup de chaleur. Si vous ne disposez pas d'une serre de balcon, il vous suffit de placer une vitre verticalement devant vos plantes aromatiques exposées au sud.

Important : quand il fait chaud, enlevez la vitre car la température serait trop élevée.

- Un feuillet de plastique a les mêmes propriétés qu'une vitre. Vous pouvez tendre un plastique transparent sur un cadre et le placer juste au-dessus de vos plantes.

Augmenter la lumière : elle est aussi importante que la chaleur ;

- ne placez pas vos plantes condimentaires le long d'une rambarde pleine, il y fait trop sombre. Pour qu'elles reçoivent le maximum de lumière dans la journée, placez les pots en hauteur ;
- fixez des roulettes sous vos bacs, vous pourrez les déplacer pour qu'ils reçoivent le maximum de soleil ;
- les murs en bois ou crépis absorbent beaucoup de lumière. Une planche laquée blanc ou une feuille d'aluminium tendue

sur un cadre la réverbèrent beaucoup mieux (illustration page 28, en haut). N'oubliez pas d'ôter ce dispositif quand le soleil donne directement, vous risqueriez de brûler vos plantes.

Les protéger du vent : les plantes condimentaires supportent très mal le vent ;

- une vitre incassable placée verticalement à l'endroit éventé du balcon ou de la terrasse est une protection efficace.

Important : collez sur cette plaque transparente des silhouettes d'oiseaux pour empêcher que de vrais oiseaux viennent la heurter et ne se blessent mortellement ;

- un grillage sur lequel vous faites grimper des plantes est une bonne protection contre le vent et les intempéries. Vous y planterez les légumes qui accompagneront vos herbes aromatiques : haricots, tomates-cerises, concombres.

L'ombre : elle est parfois insuffisante ;

- certains endroits du balcon restent à l'ombre plusieurs heures, vous y placerez les plantes qui ne supportent pas le plein soleil ;
- vous pouvez protéger vos jeunes plants qui craignent le plein soleil en plaçant des cônes de carton sur des bâtons (illustration page 28, en bas) ou bien une planche posée verticalement ;

La fraîcheur : elle est également nécessaire. C'est d'abord l'ombre qui la fournit ;

- les jours de grande chaleur, protégez vos plantes condimentaires fragiles sous un parasol ;
- un mur exposé plein sud dégage trop de chaleur : faites-y grimper des plantes décoratives ;
- arrosez le matin et le soir. L'eau rafraîchit le sol et l'humidité qui s'évapore ensuite est une source de fraîcheur.

L'arrosage

Vous avez peut-être lu qu'il ne fallait pas arroser les plantes condimentaires. Oubliez cela. C'est peut-être valable au jardin, quand l'été est humide, car il est vrai que les herbes aromatiques n'ont pas de grands besoins en eau. Mais en pots ou en jardinières, toutes les plantes doivent être arrosées régulièrement. En appartement, ne laissez jamais le sol se dessécher. L'air est très sec et la plante n'a donc aucune possibilité de puiser par ses feuilles l'eau nécessaire dans l'atmosphère ;

- vérifiez tous les jours l'humidité de la terre.

Mon conseil : si vous avez oublié d'arroser et que le sol est complètement sec, l'eau d'arrosage va ruisseler sans pouvoir pénétrer jusqu'aux racines. Immergez alors le pot tout entier pendant 10 mn.

Sur le balcon ou la terrasse : il faut arroser les plantes régulièrement, mais pas trop copieusement ;

- l'eau ne doit jamais stagner dans les cache-pots ou les soucoupes ;
- quand il fait très chaud, arrosez le matin ou le soir, mais jamais en plein soleil ;
- quand il fait frais et humide, il est à peine besoin d'arroser ;
- les sujets âgés et lignifiés ne doivent jamais manquer d'eau. Vous ne vous en apercevrez pas tout de suite, mais si vous les laissez se dessécher, un arrosage abondant ne pourra pas les sauver ;
- les plantes à feuilles molles telles que basilic, bourrache ou pimprenelle s'étiolent très vite quand elles manquent d'eau, mais elles retrouvent rapidement leur vigueur quand vous les arrosez.

Dans le jardin : arrosez si la sécheresse dure plusieurs jours. D'autres éléments vous permettront de décider s'il faut ou non arroser :

- si les herbes aromatiques sont plantées dans un sol pauvre et très perméable ;
- si les plantes sont serrées, leur feuillage fait de l'ombre et le sol se dessèche.

Arroser en hiver

Certaines plantes condimentaires vivaces restent dehors l'hiver. Si celui-ci n'est pas trop rigoureux, arrosez les bacs et jardinières avec parcimonie. La plupart des plantes en pot ne meurent pas de froid mais de sécheresse. Les herbes qui poussent en pleine terre n'ont pas besoin d'arrosage durant l'hiver.

L'eau d'arrosage

L'eau de pluie est meilleure que celle du robinet, souvent très calcaire et trop froide. Si vous ne pouvez pas en collecter laissez au moins l'eau du robinet reposer 24 h avant d'arroser, afin qu'elle se réchauffe.

La fertilisation

Soyez très prudent avec les engrais. Il suffit d'ajouter une partie de compost au sol, et d'arroser avec une infusion d'herbes (voir page 28). N'utilisez que des engrais organiques qui seront meilleurs pour les plantes, et pour vous.

Les engrais minéraux

Ils sont trop riches en azote pour les plantes condimentaires. Certaines plantes pourraient atteindre un grand développement, mais n'auraient aucun goût. Et beaucoup d'herbes aromatiques cesseraient de pousser si vous leur fournissiez trop d'azote.

Egayez votre jardin condimentaire avec des fleurs très colorées.

Exception : un laurier de grande taille doit recevoir environ 5 g d'engrais minéraux par mois.
Important : les engrais organiques ne doivent pas apporter trop d'azote à vos plantes condimentaires (voir conseils de culture pages 40 à 60).

Les engrais organiques du commerce
Les engrais organiques, donc biologiques sont des engrais retard. Ils se décomposent lentement dans le sol et ne risquent pas de brûler les plantes.
Les copeaux d'os : riches en azote, ils seront très utiles pour les plantes qui préfèrent un sol pauvre. Une cuillerée à café par litre de mélange est suffisante.
La poudre d'os et le sang séché : c'est un engrais organique complet qui contient du phosphore, de la chaux et de l'azote en petite quantité. On compte deux cuillerées à café par litre de mélange.
Engrais complet biologique : c'est un engrais complet organique à faible teneur en éléments azotés. Il contient en outre des micro-organismes qui contribuent à prolonger la vie du terreau dans les bacs et les pots.
La fertilisation en cours de végétation : elle n'est nécessaire que pour les jeunes sujets qui ont du mal à pousser, ou pour les espèces à croissance rapide qui ont de plus grands besoins en aliments nutritifs. Vous trouverez dans le commerce ou en magasins spécialisés des engrais liquides organiques, tels que le guano, etc. Pour vos plantes condimentaires, divisez par deux les doses indiquées pour les plantes en pots.

Augmentez la luminosité grâce à une feuille d'aluminium
L'aluminium réverbère bien la lumière. Collez-le sur de l'aggloméré pour plus de rigidité.

Autres apports

L'argile en poudre : ce n'est pas un engrais à proprement parler. Ses grains microscopiques emmagasinent l'eau et les éléments nutritifs. Ajoutez de l'argile en poudre à raison de deux cuillerées à café par litre aux mélanges très sableux pour qu'ils sèchent moins vite.
La chaux : elle est indispensable pour plusieurs espèces (voir pages 40 à 60). S'il faut en faire des apports, préférez la chaux d'algues, qui ne risque pas de brûler les racines. Elle se mélange au sol avant la plantation, à raison d'une cuillerée à café par litre.

Faire son engrais soi-même

Vous pouvez fabriquer vous-même de bons engrais biologiques.
Le compost : il est de loin le meilleur engrais (conseils de fabrication page 19).
Le purin d'orties : on en donne une fois au printemps et encore une fois en juillet.
La recette :

- emplir un seau d'orties fraîches hachées et recouvrir d'eau ;
- Laisser le seau au soleil une semaine en remuant régulièrement.
- Ajouter à l'eau d'arrosage en respectant la dose suivante : un volume de purin d'orties pour 9 volumes d'eau.

Mon conseil : on peut fabriquer l'infusion d'orties à partir d'orties séchées que l'on trouve dans le commerce : ajoutez 200 g d'orties séchées à 10 l d'eau.

L'infusion de consoude : elle se prépare comme le purin d'orties et se trouve, en été, au bord des chemins et dans les prairies humides.
Le fumier animal : il faut le proscrire absolument.

La taille de rajeunissement

Pour savoir comment couper les tiges et les feuilles au moment de la cueillette, reportez-vous à la page 30.
Mais indépendamment de cela, beaucoup de plantes condimentaires ont besoin d'une taille (illustration page 29, en bas) en cours de végétation. Le thym, la sauge, le romarin et le laurier doivent être retaillés au début de l'automne, sinon la plante va se fatiguer et ne fera que de maigres pousses au printemps suivant.
Comment procéder : taillez toutes les tiges qui dépassent et raccourcissez les autres de façon à former un buisson trapu. Avant l'hiver, prenez soin de rabattre au ras du sol la livèche, l'origan, la mélisse, la citronnelle, la menthe poivrée et l'estragon. Vous pourrez ainsi conserver les tiges coupées et les sécher pour l'hiver.

Maladies et parasites : les prévenir, les guérir

Les plantes aromatiques sont assez résistantes aux maladies et aux parasites.
Dans un jardin vous aurez peu de problèmes. En bacs et en pots vous risquez des attaques de pucerons verts et noirs, d'acariens et de cochenilles.
Important : n'utilisez pas les insecticides. Ce sont des poisons. Si vos herbes aromatiques sont envahies de parasites, il ne vous reste qu'à les jeter et à en racheter. S'il s'agit de plantes vivaces de grande taille (laurier ou romarin) il faut essayer de les sauver (voir page 29).

La prévention est la meilleure protection

Sur le balcon ou la terrasse, la plantation trop serrée et la circulation insuffisante de l'air favorisent le développement des parasites, des bactéries et des champignons.
Ne plantez pas trop serré pour que l'air puisse circuler, tout en évitant les courants d'air (qui favorisent la propagation de certains parasites tels que les pucerons noirs).

Ombragez les cultures
Un parasol ou des cônes de carton fixés sur des bâtons protègent les jeunes plants du soleil de midi.

Evitez l'eau qui stagne
Placez un tesson sur le trou d'écoulement. Ne laissez jamais de l'eau dans le cache-pot.

Les sujets faibles : ils sont plus sensibles aux parasites que les plantes vigoureuses et saines. Un sol trop humide, un excès d'engrais, une croissance trop rapide affaiblissent les plantes. Les cellules végétales ont alors des parois trop minces que les insectes n'auront pas de mal à percer.
Les maladies cryptogamiques : elles se propagent souvent à la surface du sol. Renouvelez donc chaque année le terreau des bacs.
Les cochenilles à carapace : elles se développent sur les plantes à feuillage persistant qui sont hivernées à une température trop élevée.
Evitez certaines associations : la livèche gêne la croissance des autres plantes avec ses racines et ses feuilles à grand développement. Les plantes gênées seront fragilisées et résisteront moins bien aux maladies et parasites. Evitez de cultiver des herbes à proximité de fleurs peu résistantes aux parasites comme les pétunias, vous ne pourriez les protéger de la contagion.

Mon conseil : la capucine attire les pucerons noirs qui attaquent moins les autres plantes.

Combattre les parasites
Si les parasites attaquent vos plantes condimentaires, procédez à un contrôle quotidien, vous prendrez ainsi le mal à la racine.
Mesures de première urgence : coupez les tiges attaquées et détruisez-les ou enlevez les parasites avec un bâtonnet ou à la main. Une douche énergique à l'eau claire contribue aussi à faire reculer les premières attaques d'insectes. Si la plante est encore de petite taille, vous pouvez la plonger tête en bas 1 à 2 heures dans un seau d'eau.
L'infusion de tanaisie (barbotine) : utile contre les parasites, elle prévient aussi les maladies cryptogamiques.
La recette : faire infuser 15 mn 30 g de tanaisie séchée (du commerce) ou 20 g de tanaisie fraîche (récoltée au bord des chemins dès juillet) dans 5 l d'eau bouillante, puis filtrez. Laissez refroidir et ajoutez à trois volumes d'eau. Vaporisez le feuillage sans oublier le dessous des feuilles.
L'infusion d'absinthe : elle a le même usage et les mêmes propriétés que l'infusion de tanaisie. Mais on la vaporise directement sans la dissoudre dans l'eau.
Important : les infusions de tanaisie et d'absinthe ont un goût amer, rincez les plantes à l'eau claire deux à trois heures après l'application.
Les bâtonnets gluants : enduits d'une colle spéciale, ce sont des bâtonnets jaunes que l'on plante dans la terre des pots. Ils sont très efficaces contre les insectes, mais ont l'inconvénient de tous les attirer y compris les insectes utiles.

En cas d'urgence
Si vos plantes subissent une attaque importante de parasites, détruisez les annuelles et bisannuelles. Mais il est désagréable de jeter un laurier, un romarin, un pied de thym ou d'origan ; on peut alors utiliser des insecticides non nocifs. Attendez quelques semaines avant de consommer les plantes.

L'extrait de pyrèthre
C'est un insecticide naturel, mais il a l'inconvénient de tuer aussi les insectes utiles. Son action ne dure que quelques heures.

Autres moyens
Certains insecticides biologiques épargnent la plupart des insectes utiles. Mais n'en usez qu'en cas d'urgence. Respectez les conseils d'utilisation, en particulier le délai prescrit pour pouvoir consommer une plante traitée.

Taillez pour stimuler la croissance

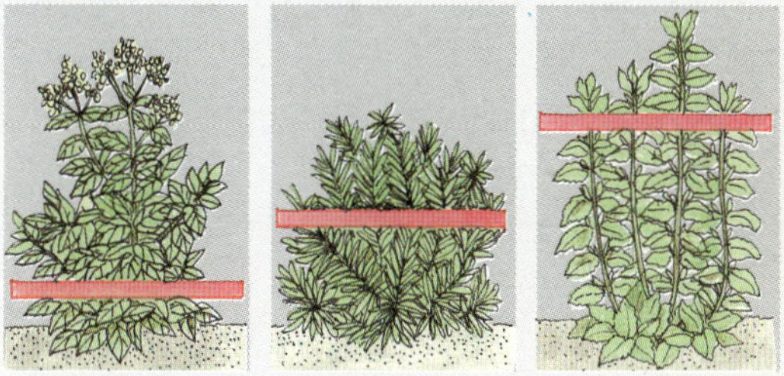

A l'automne, on rabat certaines plantes au ras du sol (à gauche). Le thym et la sauge ne seront raccourcis qu'au tiers de leur hauteur (milieu). Pour rajeunir les plantes vivaces, on taille les rameaux les plus longs afin que le sujet acquière un port plus buissonnant (à droite).

Cueillette et conservation

Même si vous cultivez vos plantes sur un très petit espace, faites une cueillette assez abondante et conservez-la pour l'hiver. Si vous ne voulez pas renoncer à leur saveur à cause de la mauvaise saison, calculez vos besoins au moment du semis. Même si vous ne pouvez conserver que de petites quantités, cela en vaut la peine.

La cueillette

Tant que vos plantes condimentaires sont encore très jeunes, il vaut mieux ne pas y toucher. Attendez qu'elles aient suffisamment de feuilles.

Conseils de base

La cueillette doit se faire avec de grandes précautions, que vous souhaitiez consommer les herbes fraîches, ou, à plus forte raison, si vous voulez les conserver pour l'hiver. Coupez feuilles et tiges avec un couteau ou des ciseaux bien affûtés. Ne laissez pas traîner vos herbes, il faut les utiliser immédiatement.

Recommandations :

- ne taillez jamais toutes les tiges d'une plante à l'exception du cresson et cerfeuil, qui ne vont pas repousser ;
- pour la ciboulette, ne taillez chaque fois que la moitié de la touffe ;
- le basilic, la sarriette et la marjolaine sont taillés à environ 10 cm du sol, ils repoussent et se ramifient l'année suivante ;
- pour les herbes de grande taille telles que l'estragon, la bourrache, la livèche ou la menthe, cueillez les feuilles tendres du bout des tiges. De nouvelles tiges vont se former au-dessous du point de coupe, porteuses de nouvelles feuilles tendres ;
- pour les plantes vivaces telles que l'origan, la mélisse ou la menthe, taillez régulièrement certaines tiges à ras du sol. C'est là que se formeront de nouveaux rameaux parfumés ;
- pour le thym, la sauge et le romarin, ne taillez pas plus du tiers de la longueur des tiges.

Le meilleur moment

Cueillez-les juste avant de les utiliser.

Pour la conservation : choisissez le moment où les plantes condimentaires exhalent l'arôme le plus puissant.

Quelques recommandations :

- marjolaine, thym, sarriette et origan seront cueillis juste avant ou pendant la floraison ;
- pour conserver l'estragon, la livèche, la menthe, la bourrache, la ciboulette, le persil et la mélisse citronnelle, on ne recueille que les jeunes feuilles tendres ;
- sauge, laurier et romarin se récoltent au début de l'automne.

Le bon moment de la journée : c'est celui où les herbes sont le plus parfumées, c'est-à-dire à midi pour toutes les plantes à saveur balsamique. Pour les plantes à feuillage plus tendre, ce sera plus tôt, après que la rosée du matin est bien ressuyée, mais avant la trop forte chaleur.

La conservation

Il existe plusieurs méthodes : chacune a ses avantages. Mais toutes les herbes ne se conservent pas de la même façon. Certaines perdent leur arôme en séchant ou lors de la congélation. Vous trouverez des indications sur la méthode qui convient à chaque espèce dans les conseils de culture (pages 40 à 60).

Préparation

- Utilisez les parties saines de la plante ;
- secouez bien la plante pour en faire tomber les insectes et autres petits animaux qui auraient pu s'y nicher ;
- pour les plantes à grandes feuilles, vérifiez aussi le dessous des feuilles, endroit que les parasites affectionnent ;
- si vos plantes aromatiques sont exposées à la pollution atmosphérique, il faut les laver.

<u>Plante condimentaire en potée fleurie</u>
Un buisson de romarin est aussi très décoratif, et vous pouvez en cueillir toute l'année.

Rien ne vaut la saveur d'une plante fraîchement cueillie.

Séchage
C'est la méthode la plus simple et la plus ancienne.
Séchage à l'air libre : formez un bouquet en attachant les tiges avec un bracelet élastique, et suspendez-le à l'ombre dans un endroit chaud. Mais pas à la cuisine, l'air y est trop humide et trop gras. Quand les plantes sont bien desséchées, conservez-les dans des bocaux de verre après les avoir réduites en miettes.
Si vous séchez des feuilles isolées, disposez-les sur un torchon propre dans un endroit chaud et ombragé.
Dans le four : efficace si vous n'avez pas d'endroit où les faire sécher à l'air libre. Cette méthode est également préférable si vous avez dû laver vos herbes.
Déposez vos herbes aromatiques sur une grille couverte d'une feuille d'aluminium et faites-les étuver à 50 °C. La porte du four doit rester entrouverte.
Dans une étuve : c'est encore la solution la plus simple. Les temps et les températures sont réglés, le séchage se fait quasi automatiquement. Surveillez seulement que vos herbes ne sèchent pas trop.
Important : les herbes séchées doivent toujours rester vertes. Elles deviennent grises ou brunes quand elles ont séché trop longtemps, ou quand la température était trop élevée ; elles ont alors perdu une grande part de leur arôme. Veillez également à ne sécher que des herbes parfaitement saines.

Congélation

On peut conserver la plupart des herbes dans le congélateur. Congelez-les par petites quantités, ainsi vous aurez toujours à portée de main ce dont vous avez besoin pour un plat. Vous pouvez aussi congeler des mélanges d'herbes.

Dans le bac à glaçons : c'est le meilleur moyen de faire des parts égales. Hachez les herbes très menu et congelez-les brusquement avec une très petite quantité d'eau. Emballez ensuite ces glaçons d'herbes aromatiques dans des sachets étiquetés.

En sachets : c'est la méthode la plus rapide. Placez vos plantes condimentaires – feuilles et tiges – dans un sachet et congelez rapidement. Retirez-les ensuite du congélateur et réduisez-les en miettes à la main sans les sortir du sachet. Si vous les hachez ainsi quand elles sont gelées, elles ne risquent pas de se coller et vous pourrez prélever les quantités que vous désirez.

Important : pour les utiliser dans les préparations culinaires, ajoutez les herbes encore gelées aux plats chauds, par contre il faut les faire dégeler environ 20 mn avant de les utiliser crues si vous voulez profiter de tout leur arôme.

Conservation dans le vinaigre ou dans l'huile

Quand on les met dans du vinaigre ou de l'huile, ce ne sont pas les herbes à proprement parler que l'on conserve, mais leur arôme : ces liquides prennent rapidement la fine saveur des plantes condimentaires. Ces préparations assaisonnent les salades et de nombreux autres plats. Vous pouvez mettre une ou plusieurs plantes différentes dans une bouteille. Il faut impérativement laver la plante. Choisissez des rameaux décoratifs, l'aspect est aussi important que le goût.

Conservation dans le vinaigre : placez vos herbes avec tiges et feuilles dans une jolie bouteille transparente que vous emplirez de vinaigre de vin ou de cidre. Ne choisissez pas un vinaigre trop jeune, sinon il se formera une mère disgracieuse entre les feuilles. Placez la bouteille devant une fenêtre bien éclairée. Au bout de deux semaines, le vinaigre aura pris le goût de la plante. Vous pouvez alors la retirer. Si vous la laissez, il faudra sans cesse compléter avec du vinaigre car la partie qui n'est pas immergée prendra rapidement un aspect peu appétissant.

Conservation dans l'huile : hachez un peu les herbes, leur parfum se dégagera mieux. Mettez votre hachis dans une bouteille sombre et remplissez avec de l'huile.
Laissez reposer à la chaleur au moins quatre semaines. L'huile d'olive ne rancit pas. Si vous choisissez une autre huile, consommez-la rapidement.

Salaison

La plupart des plantes condimentaires peuvent se conserver dans le sel, et plus particulièrement la livèche et le persil. Lavez soigneusement les feuilles et les tiges et hachez grossièrement.
Dans un bocal foncé ou dans un pot en grès avec couvercle, déposez-y des couches alternées d'herbes et de sel (une partie de sel pour cinq parties d'herbes), puis tassez avec le manche d'une cuillère en bois. Ainsi conservées, les plantes condimentaires se gardent deux ans.

Important : ce condiment est très salé, tenez-en compte quand vous cuisinez.

Cuisiner les plantes aromatiques

Boissons rafraîchissantes : mélisse, menthe poivrée.
Carottes : persil.
Charcuterie : livèche, persil, ciboulette.
Chou : laurier.
Concombre : bourrache, aneth (feuilles et graines), laurier.
Entremets : fleurs de bourrache, sauge moscatelle, menthe poivrée.
Fines herbes : ciboulette, persil, estragon, cerfeuil, basilic.
Fromage : bourrache, persil, ciboulette.
Gibier : laurier, sauge, thym.
Gigot de mouton (cuisson rapide) : romarin, sauge, menthe poivrée.
Infusions : mélisse, sauge, romarin, menthe poivrée, thym.
Œufs : basilic, bourrache, aneth, cresson, ciboulette, pimprenelle.
Pâtes : basilic, origan, thym, romarin, sauge.
Pizza : origan, thym, sauge.
Poisson : estragon, laurier, sauge.
Pommes de terre : sarriette, marjolaine, sauge, laurier, persil, thym.
Rôti : livèche, sauge, thym, laurier, romarin.
Salades : basilic, bourrache, aneth, estragon, cerfeuil, cresson, mélisse, persil, ciboulette, capucine, pimprenelle.
Sauce verte : cerfeuil, persil, ciboulette, pimprenelle, aneth, bourrache, mélisse.
Soupes : persil, ciboulette, cerfeuil, aneth, origan.
Tomates : basilic, aneth, persil, ciboulette, marjolaine, origan, pimprenelle.
Volaille : estragon, romarin, sauge, thym.

Propriétés thérapeutiques

Si vous souhaitez utiliser les herbes aromatiques comme médication, consultez la littérature spécialisée qui vous renseignera sur le dosage et l'utilisation.
Attention : des doses élevées ou une utilisation prolongée peuvent avoir des conséquences néfastes pour votre santé !
Aneth : contre les ballonnements et les maux d'estomac.
Basilic : calmant, antispasmodique pour l'estomac et les intestins, diurétique.
Bourrache : réconfortant, fortifiant, calme les rhumatismes.
Cerfeuil : dépuratif.
Cresson : efficace contre la fatigue de fin d'hiver.
Estragon : diurétique, facilite la digestion.
Laurier : facilite la digestion.
Livèche : diurétique, facilite la digestion, efficace contre les ballonnements.
Marjolaine : calmant, antispasmodique, efficace contre les rhumes et les troubles digestifs, aide à digérer les mets trop gras.
Mélisse : calmant.
Menthe : efficace contre les troubles digestifs.
Origan : calmant, efficace contre la toux et les maux de ventre.
Persil : diurétique, réconfortant.
Romarin : active la circulation, fortifiant.
Sarriette : facilite la digestion, soigne la toux et l'encombrement muqueux.
Sauge : anti-inflammatoire, efficace en gargarismes.
Thym : contre la toux et les crampes d'estomac.

L'aneth n'en fait qu'à sa tête
Semez l'aneth un peu partout, il finira bien par lever quelque part.

Multiplication et hivernage

Si vous avez réussi votre première production d'herbes aromatiques, vous allez vouloir poursuivre votre culture l'été suivant. Vous avez plusieurs solutions : récolter les graines de vos plantes ou faire des boutures. Vous pouvez aussi hiverner les plantes vivaces, à l'extérieur ou dans la maison.

Multipliez facilement vos plantes condimentaires

Voici quelques bonnes raisons pour le faire vous-même.
- Les plantes annuelles et bisannuelles doivent être semées chaque année. Quelle fierté de pouvoir semer les graines de vos propres plantes !
- Les plantes vivaces s'affaiblissent en vieillissant, surtout si vous les cultivez en pots. La multiplication va vous permettre d'avoir chaque année de nouveaux sujets.

Récolte des graines

Sous nos latitudes, toutes les plantes condimentaires ne viennent pas à graine. Les plantes du sud comme le basilic, la sauge ou le thym n'ont pas le temps de mûrir leurs semences, la période de végétation est trop courte.
Les plantes qui forment des graines : cresson, cerfeuil, persil et bourrache forment des graines bonnes à récolter. Vous mettrez de côté un ou deux pieds dont vous ne cueillerez pas les feuilles pour les laisser fleurir.
Chez les plantes annuelles, fleurs et graines se forment dès la première année, la deuxième chez les plantes bisannuelles. Les vivaces fleurissent chaque année, mais il vaut mieux utiliser d'autres modes de multiplication (voir pages 40 à 60 pour plus de précisions).
La récolte des graines : n'attendez pas que celles-ci soient complètement mûres et sur le point de tomber.
Comment procéder :
- coupez les tiges qui portent les graines juste avant leur complète maturité. Les capsules séminales ne doivent pas être encore ouvertes, les téguments extérieurs des graines ne doivent pas être encore tout à fait sombres ;
- suspendez ces tiges tête en bas à l'ombre, au-dessus d'un torchon ou d'un papier propre ;
- quand les graines arrivent à maturité, elles tombent. Débarrassez soigneusement votre récolte des enveloppes et des feuilles mortes.

Récolter les graines
Suspendez les plantes tête en bas, les graines vont tomber sur le torchon. Conservez-les en sachets dans un bocal fermé.

La conservation :
- veillez à ce que les graines soient bien sèches, sinon elles vont moisir ou pourrir.
- par précaution, vous pouvez les sécher un peu plus, dans une assiette au-dessus du radiateur, ou en les passant un court moment (pas plus de 10 mn) dans le four préchauffé à 50 °C ;
- conserver les graines dans un bocal propre et sec, bien fermé, dans un endroit frais et sombre.

Important : vérifiez régulièrement que vos graines ne sont pas attaquées par des parasites. Jetez immédiatement les lots contaminés.

Bouturage

Sauge, romarin, thym et laurier se reproduisent par bouturage. Coupez en juillet/août environ 10 cm de tiges de l'année avec un couteau aiguisé. Veillez à ce que le point de coupe se trouve au-dessous du point d'insertion d'une feuille. Enlevez les feuilles tout autour de cet endroit.
Faire enraciner les boutures : placez plusieurs boutures dans un petit pot contenant un mélange de terreau de tourbe et de sable. L'enracinement se fera mieux si vous placez les boutures sur le pourtour du pot, de sorte que la trace de la coupure soit en contact avec la paroi. Pour que la bouture profite de l'humidité atmosphérique, puisqu'elle n'a pas encore de racines, tendez un sachet de plastique transparent au-dessus du pot et maintenez-le en cloche avec deux morceaux de fil de fer croisés. Dès que la bouture est enracinée – ce que vous constatez à la formation de nouvelles pousses – ôtez le sachet de plastique.
Autres soins : quand la bouture est bien enracinée, mettez-la en place dans un pot plus grand qui contient une terre plus nutritive. Pincez les extrémités des tiges deux à trois fois pour obliger la plante à se ramifier.

Marcottage

C'est une autre forme de bouturage, que l'on utilise par exemple pour la sauge.
Comment procéder :
recourbez une tige lignifiée jusqu'au sol et fixez-la avec une épingle à cheveux, un bout de fil de fer ou un caillou.
Dès que des racines se sont formées à cet endroit, coupez les marcottes des pieds mères et replantez les nouveaux sujets dans des pots.

Division des touffes

La livèche, la mélisse citronnelle, l'origan et la ciboulette se multiplient en divisant le pied (voir illustration p. 37). On procède de préférence à l'automne ou au printemps.
Comment procéder :
- quand votre pied a deux ou trois ans, et qu'il forme une motte compacte de racines, vous pouvez l'extraire de la terre après l'avoir bien humidifié ;
- avec un couteau pointu ou des cisailles, divisez la motte de racines en deux ou trois parties, en prenant garde de ne pas blesser les racines fines ;
- raccourcissez les tiges et les feuilles de moitié ;
- mettez aussitôt en terre les nouveaux sujets ainsi obtenus : le collet doit se trouver au même niveau que précédemment ;
- au printemps, laissez les pots contenant les nouvelles plantes à l'ombre jusqu'à ce que de nouvelles pousses se forment. Vous pouvez alors les mettre en place ;

Multiplication par boutures
Avec un couteau bien aiguisé, taillez des rameaux de l'année qui ne sont pas encore trop lignifiés. Placez-les dans un mélange de terre et de sable contre le bord du pot.

- en automne, rentrez-les et mettez-les en hivernage devant une fenêtre exposée au nord.

Drageonnage

Vous pouvez procéder ainsi avec l'estragon, la menthe et la mélisse citronnelle. Les drageons se forment quand la plante a suffisamment d'espace.

Comment procéder :
si vous constatez qu'une nouvelle petite plante surgit de terre à proximité du pied mère, vous pouvez la couper, en lui laissant ses racines et la replanter dans un autre pot. Taillez un peu la partie aérienne de la plante pour stimuler l'enracinement.

Mon conseil : peu importe la méthode que vous choisirez pour multiplier vos plantes condimentaires. Mais ne mettez jamais les jeunes sujets en plein soleil. Laissez-les à l'ombre – au chaud – jusqu'à ce qu'ils se soient bien développés.

Les plantes condimentaires en hiver

Vous pouvez profiter plusieurs années de vos plantes vivaces à condition de respecter la période de repos hivernal. Si vous rentrez des pots de thym, d'origan, de romarin et de sauge en hiver pour poursuivre la récolte, vous risquez d'être bien déçu. La plante va former des pousses nouvelles si vous la soignez correctement, mais rapidement elle s'étiolera et va dépérir.

Hivernage en plein air
Origan, persil, mélisse citronnelle, menthe, livèche et estragon passent l'hiver sans difficulté à l'extérieur avec une légère protection contre le gel.
En pleine terre : inutile de les protéger du gel, mais offrez-leur un bon paillis de feuilles mortes.
En pots et jardinières : le danger principal, c'est la sécheresse, surtout si la motte est gelée durant plusieurs jours.
Placez les pots avec les plantes que vous voulez faire hiverner dans un endroit abrité et

Multiplication par division des touffes
Beaucoup se multiplient ainsi (par exemple la ciboulette). On taille une partie des feuilles puis on partage la motte.

enveloppez-les de papier journal. Sur un balcon ou une terrasse, offrez leur une protection de feuillage ou d'aiguilles de pin. Arrosez seulement quand il ne gèle pas.

Hivernage dans la maison
Comme les géraniums, laurier, romarin, sauge et thym ont besoin de repos hivernal. Vous pouvez les laisser à l'extérieur tant que la température ne descend pas en dessous de -5 °C. Ne les mettez jamais dans une cave obscure, car elles ont besoin de lumière. Cependant la température ne doit pas dépasser 15 °C.
Pendant l'hivernage, n'arrosez que très peu. Le sol ne doit pas sécher complètement. Dès que la température extérieure s'élève au dessus de -5 °C (dès mars-avril), sortez les plantes.

Conseils pour l'hivernage
On peut hiverner dans l'obscurité toutes les plantes vivaces rabattues au ras du sol : livèche, estragon, origan, mélisse, menthe. Si vous n'avez pas d'endroit abrité pour les hiverner à l'extérieur, placez les pots jusqu'en février dans un endroit frais. Ne les arrosez pas. Dès la mi-février vous placerez vos plantes condimentaires dans un endroit clair et plus chaud et vous les arroserez régulièrement mais sans excès. Elles vont rapidement former de nouvelles pousses.
Il faut hiverner dans un endroit clair tous les jeunes plants issus de boutures ou de divisions de touffes. Vous devrez les soigner comme des plantes d'intérieur, les arroser et les vaporiser régulièrement. Mais résistez à la tentation d'en cueillir.

La récolte d'hiver
On rentre des pots préparés spécialement durant l'été.
Vous pouvez mettre en pot à l'automne le persil et la ciboulette du jardin, ainsi que la sarriette, le basilic et la marjolaine.
Soignez-les comme les plantes condimentaires que l'on cultive à l'intérieur (voir page 13).
Mais ne soyez pas déçu de ne pas retrouver l'arôme qu'elles avaient en plein air. Cresson et cerfeuil se sèment directement en pots à l'intérieur.

Les plantes condimentaires les plus répandues

Vous trouverez dans les pages suivantes toutes les indications pour faire pousser et soigner les plantes condimentaires, ainsi que des précisions sur leur saveur et leur utilisation en cuisine.

Les différentes rubriques

Vous trouverez en premier le nom français, puis le nom scientifique. La rubrique ***aspect*** décrit les caractères principaux de chaque plante.
A chaque ***saveur*** correspondent des ***utilisations*** culinaires particulières. La rubrique ***culture*** vous apprendra tout sur les graines et les boutures. N'oubliez pas l'importance du sol, le mélange de terre qui convient pour chaque plante.
L'***emplacement*** est important pour votre plante : balcon, rebord de fenêtre ou jardin.
Vous découvrirez également tout ce qu'il faut savoir sur leurs besoins en ***température*** et ***éclairement***, comment doser l'***arrosage*** et ***fertiliser***.
La ***cueillette*** doit se faire au moment le plus propice.
Pour la ***multiplication***, l'***hivernage*** et la ***conservation,*** on vous proposera les méthodes les plus appropriées.
Enfin la rubrique ***attention*** vous indiquera les erreurs à éviter.

Les symboles

emplacement clair et ensoleillé.

emplacement clair, mais pas d'ensoleillement direct toute la journée. Mi-ombre.

plante annuelle : semée au printemps, elle meurt à l'automne.

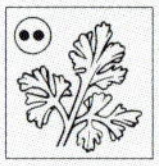
plante bisannuelle : fleurit et fructifie la deuxième année, puis meurt.

plante vivace : si vous la soignez convenablement, elle durera longtemps.

<u>La belle des champs</u>
le serpolet est la forme sauvage du thym.

Aneth
Anethum graveolens

Aspect : de hautes tiges, qui peuvent atteindre 1 m, portent de nombreuses feuilles très étroites, en plumets.
Saveur : les feuilles ont un goût frais et très agréable. Les graines rappellent celles du carvi.
Utilisation : les feuilles dans les salades vertes, salades de concombre ou de pommes de terre, les sauces, mayonnaises et plats de poisson.
Ne pas cuire.
Les graines vous serviront à assaisonner les cornichons, ainsi que tout ce qui se conserve dans le vinaigre.
Culture : annuelle.
Germe à l'obscurité.
Mettez les graines en terre à partir d'avril, ne laissez jamais le sol se dessécher.
Ne repiquez que les plantules très jeunes (racine en pivot).
L'aneth est capricieux, il ne lève pas toujours.
Sol : deux parties de compost, une partie de terre de jardin, une partie de sable.
Emplacement : dans des pots et jardinières profonds sur le balcon et la terrasse, à l'abri des courants d'air.
En pleine terre.
Eclairement : la tête en plein soleil, les pieds à l'ombre, semez au milieu d'autres plantes.
Température : élevée.
Mettez-le sous abri quand l'été est frais.
Arrosage : le sol ne doit jamais se dessécher, mais évitez absolument l'eau qui stagne.
Fertilisation : inutile.
Cueillette : on cueille régulièrement les feuilles vertes. On peut aussi consommer les tiges.
Utilisez les plantules éclaircies pour la cuisine.
Récoltez les graines à partir d'août-septembre.
Multiplication : par semis. Les graines restent viables quatre ans.
Hivernage : semez encore une fois en août dans un grand pot.
Certaines espèces poussent très bien quand l'éclairement est un peu insuffisant, à la fenêtre.
Rentrez avant les gelées, à exposition très claire.
Conservation : les ombelles et les feuilles au vinaigre. Les graines séchées. Le mieux est de congeler les feuilles.

Attention : si vous souffrez des reins, ne consommez pas de l'aneth.

Mon conseil : semez l'aneth au milieu de toutes vos plantes aromatiques, ainsi vous aurez davantage de chances de le voir lever. Comme le dit le dicton : "l'aneth n'en fait qu'à sa tête" !

Les graines d'aneth servent bien à l'assaisonnement.

Il pousse mieux en pot qu'en pleine terre.

On trouve des variétés rouges dans le commerce.

Basilic
Ocimum basilicum

Aspect : petites feuilles ovales un peu incurvées sur des tiges anguleuses. Il peut être vert émeraude (parfumé) ou brun rouge (décoratif). Préférez les espèces à petites feuilles (15 à 25 cm) pour la fenêtre ou le balcon, elles sont plus parfumées. Pour la pleine terre, les espèces à grandes feuilles (jusqu'à 50 cm de hauteur) sont plus rustiques. L'extrémité des pousses porte des fleurs blanches ou roses à partir de juillet.

Saveur : à la fois douce et poivrée, très balsamique, elle domine et atténue celle des autres herbes.

Utilisation : les feuilles, crues, avec salades, tomates, œufs, pistou, les plats méditerranéens, le poisson, le fromage. Ne pas cuire.

Culture : annuelle. Germe en pleine lumière, ne pas couvrir les graines. Quand les jeunes pousses atteignent 10 cm, on les replante en groupes dans des pots ou des jardinières.

Sol : deux parties de terreau pour fleurs ou de terreau de tourbe, une partie de sable, une partie de compost.

Emplacement : en pots et jardinières sur le balcon ou la terrasse et à la fenêtre. En pleine terre seulement en plein été.

Eclairement : plein soleil.

Température : les graines germent quand la température nocturne dépasse 10 °C. Si l'été est frais, vous devrez cultiver le basilic dans un endroit ensoleillé sur le balcon ou à la fenêtre.

Arrosage : ne laissez jamais dessécher la motte, arrosez tous les jours quand il fait très chaud.

Fertilisation : ajoutez un peu d'engrais retard au moment de la mise en place, puis arrosez avec du purin d'orties un mois plus tard.

Cueillette : cueillez les jeunes feuilles. Coupez le sommet des pousses, ainsi la plante va se ramifier. La cueillette se fait tout l'été.

Multiplication : semez des graines du commerce.

Hivernage : procédez à de nouveaux semis devant la fenêtre pour avoir des plantes en hiver. La saveur sera cependant moins prononcée.

Conservation : dans le vinaigre ou dans l'huile, ou par congélation.

Mon conseil : un pot de basilic à la fenêtre éloigne les mouches.

Le bleu lumineux des fleurs de bourrache est particulièrement décoratif et attire les abeilles.

Bourrache
Borago officinalis

Aspect : des tiges velues portent de grandes feuilles vert clair, également velues. Fleurs d'un bleu lumineux à l'extrémité des tiges. Plante décorative, appréciée des abeilles et des bourdons.
En pleine terre, elle peut atteindre 1 m de haut, en pot elle reste plus petite.
Utilisation : les feuilles tendres assaisonnent salades, œufs, fromage, fromage blanc, cornichons. Les fleurs en décoration sont comestibles dans les salades.
Ne pas cuire.
Culture : annuelle.
Germe à l'obscurité.
Semez en place, il est facile de bien répartir les graines qui sont grosses. Semez en pleine terre à partir d'avril, en pot un peu plus tôt. Les plantules se repiquent difficilement (racine à pivot).
Ne mettez qu'une ou deux graines par pot, espacez de 40 cm en pleine terre. Si la bourrache est plantée trop serré, elle est attaquée par le blanc ou les pucerons.
Sol : une partie de terreau de tourbe ou de terre de jardin, une partie de compost.
Emplacement : dans des pots de grande taille et des jardinières profondes sur le balcon ou la terrasse, au pied de plantes sur tige, en pleine terre.
Eclairement : plein soleil.
Température : nécessaire pour un bon développement, mais la bourrache germe même par temps frais.
Arrosage : quotidien quand il fait très chaud.
Fertilisation : compost ou engrais organiques comme fumure de fond dans le sol. Arrosez tous les mois avec du purin d'orties ou de consoude.
Cueillette : attendez que les tiges soient assez vigoureuses, sinon la plante risque de s'étioler. Ce sont les feuilles tendres, au sommet et à l'aisselle des tiges, qui sont le plus parfumées.
Multiplication : par semis.
Hivernage : semez encore une fois en août, cultivez à la fenêtre, vous pourrez récolter jusqu'en novembre.
Conservation : par congélation, mais la plante perd de son arôme ; on peut conserver les fleurs dans du sucre.

Des fleurs lumineuses avec un feuillage sombre.

Les boutons floraux s'utilisent comme des câpres.

Capucine

Tropaeolum majus,
Tropaeolum nanum

Aspect : il en existe deux sortes : *Tropaeolum majus*, dont les vrilles peuvent atteindre 1 m et *Tropaeolum nanum* qui pousse en buissons. Les feuilles rondes, d'un vert bleuté, poussent sur des tiges charnues, les fleurs sont très grandes, possèdent un éperon, et leurs coloris vont du jaune clair au rouge intense.
Saveur : proche du cresson, mais moins prononcée.
Utilisation : les feuilles, hachées, dans salades, fromages blancs et les fleurs en décoration sont comestibles. Les boutons floraux en câpres. Ne pas cuire.
Culture : annuelle. Germe à l'obscurité. Les graines, très grosses, sont enfoncées de 2 cm dans la terre du pot. Espacez-les suffisamment. Pour que vos capucines fleurissent dès le mois de mai, faites-les lever à l'intérieur, près d'une fenêtre.
Ne semez en pleine terre que lorsque les gelées nocturnes ne sont plus à craindre. Si les vrilles sont trop longues, vous pouvez les tailler.
Fleurit jusqu'aux premières gelées.
Sol : moitié terre de jardin, moitié compost.
Emplacement : en décoration florale sur le balcon, à la fenêtre, dans le jardin en plate-bande, au pied des plantes en bacs.
Ne fleurit pas à l'intérieur.
Eclairement : ne fleurit que si elle reçoit suffisamment de lumière.
Température : pas très exigeante, elle fleurit aussi bien quand l'été est frais que sous un climat un peu rude.
Arrosage : en jardinière, aussi souvent que les autres fleurs, en pleine terre, seulement en période de sécheresse.
Fertilisation : inutile.
Cueillette : on cueille les feuilles, les fleurs et les boutons floraux.
Multiplication : on peut semer les graines que l'on a récoltées.
Hivernage : les graines hivernées en pleine terre lèvent au printemps suivant.
Conservation : les boutons floraux dans la saumure et dans le vinaigre, les feuilles et fleurs dans le vinaigre.
Important : les pucerons l'affectionnent particulièrement et cela protège vos autres plantes. Surveillez les feuilles et si l'attaque est trop virulente, détruisez les plantes.

Délicat, il est apprécié des connaisseurs.

Les feuilles tendres sont les plus parfumées.

Cerfeuil

Anthriscus cerefolium

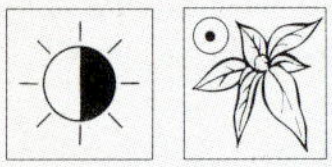

Aspect : petites feuilles vert tendre, molles et très découpées, en buisson bien ramifié à la base, moins vers le sommet. En pleine terre, le cerfeuil peut atteindre 60 cm. Il porte à partir de mai des ombelles de fleurs blanches.
Saveur : douce, un peu anisée.
Utilisation : les jeunes feuilles en soupe (velouté de cerfeuil), salades, omelettes aux fines herbes. Evitez de mélanger cerfeuil et jus de citron, la saveur devient rapidement trop acide. Ne pas cuire.
Culture : annuelle. Germe à l'obscurité. On trouve dans le commerce des graines de cerfeuil plat ou frisé, l'un et l'autre sont également parfumés. Semez fin mars ou début avril en terrines, jardinières ou directement en pleine terre. En pots, la plante lève en une semaine ; il lui faut un peu plus longtemps en pleine terre. On peut cueillir le cerfeuil au bout de six semaines mais il ne repousse pas. Faites des semis régulièrement tous les quinze jours, vous en aurez ainsi tout au long de l'année. Renouvelez la terre de vos terrines et de vos pots à chaque nouveau semis.
Sol : deux parties de terreau de tourbe, une partie de sable.
Emplacement : en jardinières et terrines sur le balcon, la terrasse, à la fenêtre.
Eclairement : le cerfeuil prospère mieux à mi-ombre, il ne supporte pas le plein soleil, sauf au début du printemps.
Température : peu sensible, on peut le semer dès mars.
Arrosage : maintenez la motte humide, sinon les feuilles vont rougir et la plante fleurira avant que vous ayez pu procéder à la cueillette. Elle perd alors son arôme.
Fertilisation : inutile.
Cueillette : les feuilles tendres, avant la floraison.
Multiplication : par semis. Au jardin, laissez certains pieds arriver à complète maturité et former des graines que vous sèmerez l'année suivante.
Hivernage : on peut cultiver le cerfeuil comme le cresson, devant une fenêtre.
Conservation : par congélation.

La ciboulette se cueille toute l'année.

La ciboule a un goût légèrement aillé.

Ciboulette
Allium schœnoprasum

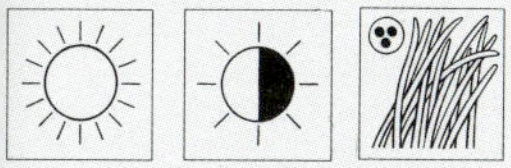

Aspect : des feuilles vertes tubulaires sortent des minuscules oignons qui poussent en motte serrée. Des ombelles roses apparaissent en juin au sommet des tiges raides.
Saveur : prononcée, proche de l'oignon pour la ciboulette et de l'ail pour la ciboule.
Utilisation : avec salades, potages, fromage blanc, œufs, pommes de terre, fines herbes. Ne pas cuire.
Culture : vivace. Semez en avril directement en pleine terre ou en pots. Semez serré, il faut que les oignons forment une motte dense. Ne cueillez pas trop tôt, la plante risque de dépérir.
Le mieux est d'acheter au printemps un ou deux pieds de ciboulette.
Si vous en utilisez beaucoup, ressemez-en régulièrement, la plante s'épuise rapidement quand elle est cultivée en pot.
Sol : moitié terre de jardin, moitié compost, un peu de chaux.
Emplacement : en pots sur le balcon, la terrasse ou à la fenêtre, en jardinière, même exposée au nord.
En pleine terre.
Eclairement : soleil et mi-ombre.
Température : plutôt fraîche.
Arrosage : maintenez la motte humide mais ne laissez pas l'eau stagner.
Fertilisation : si vous n'avez pas de compost, donnez un engrais organique. Arrosez avec du purin d'orties.
Cueillette : ne cueillez chaque fois que la moitié des feuilles. Attendez que la première moitié ait repoussé avant de couper l'autre.
Multiplication : par division de la touffe au printemps ou à l'automne.
Hivernage : en pleine terre, pas besoin de protection. En pot, hivernez au frais et au sec.
Conservation : congélation, mais il est préférable de poursuivre la culture à la fenêtre.

Mon conseil : si vous la faites pousser en pleine terre, voici comment rentrer un pot : sortez les oignons de terre à l'automne, laissez-les sécher 4 à 6 semaines. Un peu de gel ne leur fera pas de mal. Posez sur le rebord de la fenêtre. Quand le pied est épuisé, remettez-le au jardin.

Le cresson est facile à cultiver toute l'année sur le rebord d'une fenêtre.

Cresson alénois
Lepidium sativum

Aspect : des tiges coriaces portent des feuilles vert clair disposées en rosettes. Les premières feuilles sont petites et ovoïdes. C'est sous cette forme que le cresson est le plus utilisé. Si vous le laissez pousser, des petites fleurs blanches apparaîtront au sommet des tiges.
Saveur : proche du raifort, forte et rafraîchissante.
Utilisation : en salade, avec le fromage blanc, les œufs, sur des tartines beurrées. Ne pas cuire. Couvre toutes les autres saveurs.
Culture : annuelle. Germe à la lumière. Les graines germent en deux à trois jours. Semez du cresson tous les huit jours, vous en aurez ainsi toujours à disposition. En plein air, on le sème souvent au début du printemps sur les plates-bandes où il ne sera replanté que plus tard. N'en semez pas parmi d'autres plantes, ses huiles essentielles très fortes gênent la croissance des autres plantes.
Sol : sans importance, puisque l'on cueille le cresson très jeune. Il pousse dans le sable, la tourbe, le terreau pour fleurs, mais tout aussi bien sur la ouate humide.
Emplacement : en plein air, à mi-ombre, en terrines, jardinières, soucoupes sur le balcon ou sur le rebord de la fenêtre de la cuisine.
Eclairement : mi-ombre. Préférez une fenêtre exposée au nord.
Température : sans importance, lève en plein air dès mars ; pousse aussi bien à l'intérieur.
Arrosage : maintenir une humidité constante.
Fertilisation : inutile.
Cueillette : ne cueillez que les plantes très jeunes, avant qu'elles atteignent 10 à 15 cm.
Multiplication : par semis.
Hivernage : le cresson pousse tout l'hiver sur le rebord de la fenêtre et vous fournit un apport non négligeable en vitamine C.
Conservation : impossible mais inutile puisque vous pouvez en faire pousser toute l'année.

Mon conseil : en plein été, le cresson cultivé en pleine terre est trop fort et amer. Préférez un emplacement plus frais à mi-ombre sur le balcon ou devant une fenêtre.

L'estragon prospère facilement, même si l'été est frais.

Estragon
Artemisia dracunculus

Aspect : tiges très ramifiées portant des feuilles étroites, allongées et d'un vert intense. Des boutons floraux verdâtres apparaissent au sommet des tiges à partir de juin. En pleine terre, il atteint 1,50 m, un peu moins en pot.
Saveur :
douce amère, très fine.
Utilisation :
les feuilles accompagnent salades, poissons, volailles, soupes, omelette aux fines herbes.
Ne pas cuire.

Culture : vivace. Germe à l'obscurité. Il existe deux sortes d'estragon : l'estragon russe, moins parfumé mais plus rustique. On le fait germer à la fenêtre, puis on le replante dans le jardin ou dans de grands pots quand les plantules sont bien enracinées. L'estragon français est plus parfumé mais moins résistant au froid.
Il ne se multiplie que par drageons.
En pleine terre, un pied d'estragon peut rester quatre ans, ensuite il perd ses feuilles basses.
Sol : moitié terreau de feuilles ou terre de jardin, moitié compost.

Emplacement : en pots de grande taille ou en jardinières sur le balcon ou la terrasse, en plein air dans un endroit abrité, parmi d'autres buissons.
Eclairement : intense. Le long d'un mur clair.
Température : il pousse aussi quand l'été est frais et le climat un peu rude.
Arrosage : arrosez copieusement par temps sec mais ne laissez jamais d'eau au fond des pots.
Fertilisation : ajoutez un peu d'engrais organique au moment de la plantation. Arrosez tous les mois avec du purin d'orties ou de consoude.
Cueillette : on récolte les feuilles toute l'année.

Multiplication :
l'estragon russe se sème, le français se multiplie par drageons.
Hivernage : en automne, on le rabat au ras du sol. Si l'hiver est rigoureux, couvrez les plantes de pleine terre. Rentrez les sujets en pots et cueillez les feuilles jusqu'à ce que la plante soit épuisée. Semez de nouveau au printemps. Pour l'estragon français, faites enraciner les jeunes drageons à l'automne en pots que vous hivernerez près d'une fenêtre. Mais attendez le printemps pour faire la cueillette.
Conservation : dans le vinaigre, ou congelé.

Ne consommez pas les baies du laurier.

Les sujets les plus âgés fleurissent parfois.

Laurier

Laurus nobilis

Aspect : buisson vigoureux aux branches ligneuses et aux feuilles coriaces, allongées, toujours vertes.
Les sujets les plus âgés fleurissent en mai.
Les fleurs sont petites, blanches et très parfumées. Les baies noires ne sont pas comestibles.
Saveur : très prononcée. Les feuilles fraîches sont un peu amères.
Utilisation : les feuilles dans les potages, les plats de poisson et de viande, les pommes de terre, les marinades pour le gibier, les cornichons, la choucroute.
Culture : vivace. Multiplication par boutures.
Sol : moitié terre de jardin, moitié compost.
Emplacement : en bacs sur le balcon ou la terrasse. Vous pouvez rentrez les jeunes sujets en hiver si la salle de séjour n'est pas trop chauffée.
Eclairement : suffisamment de lumière, mais pas de soleil direct toute la journée.
Température : peut supporter jusqu'à -10 °C pendant des temps très courts.
Arrosage : deux fois par semaine.
Si les feuilles sèchent, la plante dépérit.
Cueillette : toutes l'année, les feuilles fraîches.
Multiplication : par bouturage. Soyez patient, le laurier pousse lentement.
Ne cueillez pas les feuilles les premières années, la plante en a besoin. Quand le pied est plus grand, vous pouvez le tailler en pyramide ou en couronne.
Hivernage : placez dans une pièce claire à une température inférieure à 15 °C et arrosez une fois par mois.
Conservation : séchez les feuilles en bouquets ou une à une. Si elles brunissent, elles perdent leur arôme.
Important : nettoyez régulièrement en été au jet d'eau pour disperser les pucerons. Pendant l'hivernage, la plante peut être attaquée par des cochenilles. Vérifiez régulièrement.
Attention : certaines personnes sont allergiques au laurier.

Mon conseil : après la taille du buisson en automne, ramassez les branches et mettez-les en bouquets que vous sécherez. C'est très décoratif dans la cuisine.

La livèche fleurit dès juillet.

N'abusez pas de ses feuilles au goût très prononcé.

Livèche
Levisticum officinale

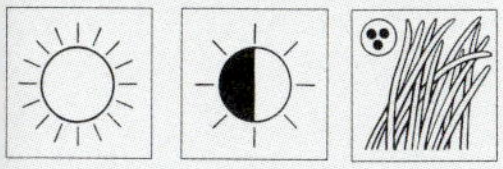

Aspect : des tiges anguleuses portent des feuilles dures et très découpées. En plein air, elle forme des buissons qui peuvent atteindre 1,50 m. Les premières pousses de printemps sont rougeâtres. Au mois de juillet apparaissent des épis de fleurs jaunes au bout des tiges.
Saveur : forte, assez proche du céleri.
Utilisation : les feuilles et les tiges dans les soupes, ragoûts et salades à base de viande. Attention à ne pas en mettre trop. Peut s'utiliser aussi bien cru que cuit.
Culture : vivace. N'essayez pas de faire lever des graines, elles ne germent que si elles sont de l'automne précédent, et encore, seulement à 40 %. Un pied suffit pour une famille, achetez donc un jeune plant.
Sol : une partie de terre de jardin ou de terreau de tourbe, deux parties de compost.
Emplacement : sur le balcon et la terrasse, dans des récipients profonds et de grande taille, au jardin, en plate-bande.
Eclairement : soleil ou mi-ombre.
Température : peu sensible au froid, vous pouvez la sortir dès avril si l'emplacement est abrité.
Arrosage : abondant. Tous les jours par temps chaud.
Fertilisation : si vous ne disposez pas de compost, ajoutez une poignée d'engrais organique (copeaux de corne) dans le mélange. Arrosez tous les mois avec du purin d'orties ou de consoude. Renouvelez chaque année la terre des pots.
Cueillette : les feuilles fraîches de mai à novembre.
Multiplication : par division de touffes dès la deuxième année.
Hivernage : on rabat toutes les tiges en hiver. La livèche passe l'hiver sans problème en pleine terre. Hivernez les plantes en pots comme vos plantes ornementales dans une pièce fraîche. La livèche a besoin de repos hivernal. Sortez-la en mars et reprenez les arrosages, elle ne tardera pas à faire de nouvelles pousses.
Conservation : séchage, congélation, salaison.

Attention : évitez d'en consommer si vous êtes enceinte.

Les inflorescences en boules sont caractéristiques.

Les jeunes pousses sont les plus savoureuses.

Marjolaine
Majorana hortensis

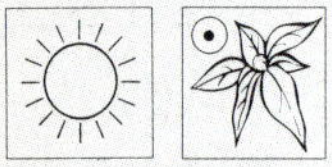

Aspect : des tiges carrées et rougeâtres portent des feuilles ovoïdes et légèrement velues. Des fleurs blanches ou mauve pâle, insérées dans des bractées vertes, apparaissent en juillet au sommet des tiges. Buissons touffus qui peuvent atteindre 50 cm s'il y a assez d'espace.
Saveur : forte.
Utilisation : les feuilles et les tiges dans les plats de viande, les pommes de terre au four, les tomates, les ragoûts. N'ajoutez à la cuisson que 10 mn avant la fin. Difficile à associer à d'autres condiments.
Culture : annuelle sous nos latitudes. Germe à la lumière. Il existe deux espèces : la marjolaine française qui est très rustique ; la marjolaine allemande est plus fragile mais pousse plus vite. Les deux espèces conviennent pour le balcon ou la terrasse. Dans le jardin et si le climat est un peu rude, préférez la marjolaine française. A moins que vous n'en consommiez de grandes quantités, il n'est pas très intéressant de la cultiver à partir de semis. Achetez plutôt un ou deux jeunes plants.
Sol : moitié terre humifère, moitié sable, et un peu de chaux.
Emplacement : en pots et jardinières sur le balcon ou la terrasse, sur le rebord d'une fenêtre exposée au sud, dans le jardin de rocaille. En hiver devant une fenêtre bien éclairée.
Eclairement : exposition claire et ensoleillée.
Température : très sensible au froid. Ne la sortez que fin mai et rentrez-la avant les premières gelées.
Arrosage : ne laissez pas les jeunes sujets se dessécher. Les plantes adultes supportent la sécheresse.
Fertilisation : inutile.
Cueillette : on cueille les jeunes pousses du sommet et les bractées vertes qui entourent les fleurs. La marjolaine est plus parfumée si on la cueille tôt le matin ou en fin d'après-midi.
Multiplication : par semis, mais les graines ne mûrissent pas sous nos latitudes.
Hivernage : en automne rentrez un ou deux pieds vigoureux devant une fenêtre. Cependant, la plante ne repousse pas après la cueillette.
Conservation : séchez et stockez à l'abri de l'air, ou conservez dans l'huile.

La mélisse vous donnera le meilleur de sa saveur si vous écrasez les feuilles dans un mortier.

Mélisse
Melissa officinalis

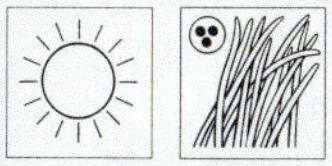

Aspect : des tiges anguleuses et velues aux feuilles ovoïdes, vert clair et dentées. En juillet apparaissent des petites fleurs roses et blanches à l'aisselle des feuilles. En pleine terre, le buisson peut atteindre 1 m.
Saveur : fraîche et citronnée, un peu douce amère.
Utilisation : avec les salades, tomates, sauces aux herbes, mayonnaise, poisson, riz, dans le vin chaud et le thé. Utilisez cru ou ajoutez en fin de cuisson. L'arôme est plus puissant si on écrase la plante.
Culture : vivace. Achetez des jeunes plants, un pied suffit pour toute la famille.
Sol : une partie de terre de jardin, une partie de compost et une partie de sable.
Emplacement : en pots de grande taille et jardinières sur le balcon ou la terrasse, à la fenêtre, ou à l'intérieur dans un endroit bien éclairé mais pas trop chaud. En pleine terre en veillant à ce qu'elle ne gêne pas la croissance d'autres plantes.
Eclairement : plein soleil, fenêtre exposée au sud pour la culture en appartement.
Température : peu sensible au froid, elle hiverne sans difficulté en pleine terre si on la rabat complètement. Sortez-la à partir d'avril.
Arrosage : ne laissez pas les jeunes plants se dessécher. Les sujets plus âgés supportent la sécheresse.
Fertilisation : en mai et juin, arrosez une fois avec un purin d'orties.
Cueillette : les jeunes feuilles vert tendre du début du printemps à la fin de l'automne.
Multiplication : vous pouvez diviser la motte des sujets les plus grands au printemps.
Hivernage : en pleine terre. Si l'hiver n'est pas rigoureux, votre plante va repartir dès février.
Ne rentrez les pots que si les gelées durent assez longtemps.
Si la plante n'est pas trop grande, hivernez-la avec la totalité de ses feuilles dans une pièce claire et fraîche. Si, à l'inverse, le sujet est de grande taille, rabattez-le complètement et hivernez-le dans une pièce sombre et fraîche. Replacez-le à la lumière en mars et reprenez les arrosages réguliers. La végétation va rapidement repartir.
Conservation : séchage ou congélation.

La menthe a de nombreuses utilisations.

Les fleurs apparaissent au cœur de l'été.

Menthe poivrée
Mentha piperita

Aspect : de longues tiges anguleuses portent des fleurs vert sombre ou rougeâtres au bord denté. Les fleurs apparaissent en épis roses au sommet des tiges à partir de juillet-août.
Saveur : fraîche et balsamique.
Utilisation : les feuilles en infusion, boissons rafraîchissantes, liqueur, avec l'agneau, en sauces. Utilisation crue ou cuite.
Culture : vivace. Achetez plutôt un jeune plant. Sur le balcon, offrez-vous des espèces originales telles que menthe à parfum d'orange, de pomme, d'ananas ou épicé. Pour l'agneau utilisez de la menthe frisée, qui est plus douce. La menthe aquatique, qui pousse à l'état sauvage, a un parfum délicat. On peut aussi se procurer de jeunes plants de menthe forte, qui est plutôt âpre.
Sol : moitié terre de jardin ou terreau de tourbe, moitié compost.
Emplacement : sur le balcon ou la terrasse, en pot ou terrine de grande taille. En jardinière au milieu des fleurs de balcon. En pleine terre, dans un endroit bien délimité. Limitez la croissance des racines en faisant pousser la plante au centre d'un seau dont vous aurez ôté le fond.
Eclairement : soleil ou mi-ombre.
Température : plus parfumée quand l'été est très chaud, mais assez résistante au froid.
Arrosage : ne laissez pas les jeunes plants se dessécher. Quand le sujet est plus âgé, n'arrosez que par temps très sec.
Fertilisation : inutile.
Cueillette : l'extrémité des tiges (plus parfumées). Rabattez de temps à autre une partie des tiges au ras du sol (faites sécher) pour favoriser la formation de nouvelles pousses.
Multiplication : par drageonnage.
Hivernage : rabattez au ras du sol, protégez d'un paillis les pieds en pleine terre, hivernez les pots en cave sombre et fraîche.
Conservation : séchage, congélation.
Attention : déconseillé aux nourrissons et aux enfants.

Mon conseil : pour les espèces rares, il faudra obtenir des drageons. Avec l'autorisation du propriétaire, prélevez un morceau de racine porteur de pousses.

Il apportera dans votre cuisine le parfum du sud.

Admirez sa somptueuse couronne de fleurs roses.

Origan

Origanum vulgare

Aspect : de longues tiges dures et rougeâtres, pouvant atteindre 70 cm, portent de nombreuses feuilles minuscules, finement velues, gris-vert. Les fleurs apparaissent en corymbes roses à partir de juillet.
Saveur : balsamique, teintée d'amertume.
Utilisation : tous les plats méditerranéens, pizzas, fromage, viande, charcuterie, potages. Aussi en infusion. Se cuit.
Culture : vivace. Germe à l'obscurité. Vous pouvez faire germer les graines devant une fenêtre, et mettre en place dehors à partir de mai. Il est cependant plus simple d'acheter un jeune plant, qui poussera plus vite.
Sol : deux parties de terreau de tourbe, une de compost, une de sable, un peu de chaux.
Emplacement : sur le balcon ou la terrasse, en pots, terrines et bacs de grande taille, en jardinière sur le rebord d'une fenêtre plein sud, en pleine terre, dans un jardin de rocaille. Il a besoin d'espace, ne le mettez pas en pot. Dans un jardin, offrez-lui un emplacement où il atteindra son plein développement.
Eclairement : plein soleil.
Température : prospère même si l'été est frais, mais son arôme sera alors moins prononcé. Sous un climat rude, offrez-lui une protection hivernale.
Arrosage : préfère la sécheresse.
Cueillette : cueillez les feuilles et les pousses fleuries. Taillez de temps en temps une partie des longs rameaux et faites les sécher. De nouvelles pousses porteuses de feuilles tendres et parfumées vont se former.
Multiplication : à partir de la deuxième année, on peut diviser la touffe.
Hivernage : à l'automne, rabattez-le au ras du sol et recouvrez le pied d'une couche de feuilles mortes. Protégez du gel les bacs qui restent sur le balcon. Vous pouvez éventuellement hiverner le pied dans une cave sombre et fraîche.
Attention : les femmes enceintes ne doivent pas boire d'infusion d'origan.

Mon conseil : prélevez à l'automne un morceau de racine qui porte de jeunes pousses et mettez-le en terre dans un pot, près d'une fenêtre à partir d'octobre. Vous pourrez effectuer des cueillettes pendant quelques semaines.

Le persil pousse très bien en pots de grande taille. Plantez les deux espèces : plate et frisée.

Persil

Petroselinum crispum

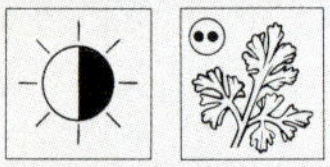

Aspect : les tiges anguleuses portent des feuilles plates ou frisées. La deuxième année des ombelles verdâtres apparaissent au sommet des longues tiges.
Saveur : relevée, un peu amère.
Utilisation : le persil plat est plus parfumé que le persil frisé, qui convient mieux pour la décoration des plats. Les feuilles accompagnent salades, pommes de terre, légumes, sauces, fromage blanc. Ne pas cuire, on l'ajoute en fin de cuisson dans les plats chauds.
Culture : bisannuel. Germe à l'obscurité. Semez à partir de mars à l'intérieur, en pots ou jardinières que vous sortirez en avril, quand les plantules seront assez vigoureuses. En pleine terre, il vaut mieux semer en août ; vous pourrez le cueillir dès le printemps suivant. La deuxième année, quand les fleurs se forment, le persil n'est plus bon : il faut le ressemer chaque année.
Sol : moitié terre de jardin ou terreau de tourbe, moitié compost.
Emplacement : sur le balcon ou la terrasse en pots ou bacs profonds, en jardinière sur le rebord de la fenêtre ou en pleine terre en choisissant chaque année un nouvel emplacement.
Eclairement : mi-ombre. En hiver, devant une fenêtre éclairée.
Température : ne craint pas les étés frais.
Fertilisation : ni engrais minéral, ni engrais animal. Si vous ne disposez pas de compost, utilisez un engrais organique retard.
Cueillette : attendez que se soient formées suffisamment de feuilles vigoureuses. Par la suite, le persil pousse d'autant plus vite qu'on le coupe souvent.
Multiplication : semez les graines récoltées la deuxième année.
Hivernage : le persil peut passer l'hiver en pleine terre. En pot, il ne résiste pas au froid. Rentrez les pieds les plus vigoureux en pots que vous mettrez près d'une fenêtre bien éclairée : vous aurez ainsi du persil tout l'hiver.
Conservation : séchage, congélation, salaison.

Attention : les graines ne sont pas comestibles.

Les feuilles tendres ont un goût de noix.

Les fleurs rondes et rouges apparaissent en juin.

Pimprenelle

Sanguisorba minor

Aspect : les petites feuilles dentées poussent en rosettes serrées au bout de longues tiges.
Saveur : fraîche, rappelle la noix et le concombre.
Utilisation : les feuilles tendres accompagnent salades, œufs, sauces, tomates. Ne pas cuire.
Culture : vivace. Germe à l'obscurité.
Semez à partir d'avril directement en pleine terre ou en pot. Eclaircissez dès que les plantules se laissent saisir entre deux doigts. Plantée trop serrée, la pimprenelle ne poussera pas. En pleine terre, espacez les pieds de 20 cm. En pots, un seul pied par pot de 12 cm. Choisissez toujours le plus vigoureux.
Sol : deux parties de terre de jardin ou de terreau de tourbe, une partie de sable, un peu de chaux.
Emplacement : sur le balcon ou la terrasse en pots ou bacs profonds, à la fenêtre en hiver.
Les tiges ont tendance à pendre par-dessus le rebord du pot, ce qui est très décoratif si vous plantez la pimprenelle en bordure ou en angle d'un bac à plantes aromatiques ou d'un jardin suspendu.
Eclairement : soleil intense, surtout en hiver à la fenêtre.
Température : peu sensible au froid, la pimprenelle supporte les étés frais et pousse en pleine terre jusqu'aux premières gelées.
On la cueille jusqu'à la première neige.
Arrosage : pas trop d'eau. Si les feuilles ont tendance à pendre, il faut la baigner.
Fertilisation : inutile.
Cueillette : les feuilles tendres et vert clair qui repoussent régulièrement.
Multiplication : se ressème toute seule en pleine terre.
Hivernage : pour en avoir l'hiver, semer de nouveau en août et rentrez les pots fin octobre.
Conservation : congélation. Mais il vaut mieux continuer la cueillette tout l'hiver.
Important : il faut couper les fleurs pour favoriser la pousse des feuilles. En pleine terre, cela permet d'éviter que la pimprenelle ne se ressème et ne se répande comme de la mauvaise herbe.

Mon conseil : semez des graines de pimprenelle au pied d'un arbuste sur tige, cela empêchera la terre du bac de se dessécher.

Les feuilles tendres des jeunes pousses sont molles.

Les abeilles raffolent des fleurs qui poussent en mars.

Romarin
Rosmarinus officinalis

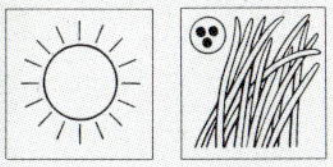

Aspect : buisson ligneux qui peut atteindre 1 m, portant des aiguilles d'un vert bleuté, blanches en dessous. A partir de mars, il se couvre de fleurs bleues.
Saveur : balsamique, âpre et amère.
Utilisation : accompagne tous les plats méditerranéens, rôtis, viandes blanches, pâtes, tomates, légumes. Jetez quelques rameaux dans le feu pour les grillades. Se cuit. Facilite la digestion.
Culture : vivace. Vous pouvez le semer, mais il pousse très lentement ; il faut attendre trois ans pour la première récolte. Il vaut mieux se procurer un ou deux pieds dans le commerce.
Sol : deux parties de terre de jardin ou de terreau de tourbe, une de compost, une de sable ou de gravier fin, un peu de chaux. Ne supporte pas la terre trop compacte.
Emplacement : en bacs sur le balcon ou la terrasse. Pour le cultiver au jardin, enterrez le pot à la belle saison ; vous le déterrerez pour le rentrer en hiver.
Eclairement : grand soleil.
Température : l'arôme se développe avec la chaleur. Il supporte des températures basses jusqu'à -5 °C. En dessous, il faut le rentrer ou le protéger.
Arrosage : maintenir humide.
Fertilisation : inutile.
Cueillette : on cueille les jeunes pousses en permanence. Mais ne pillez pas trop le pied, il aurait du mal à pousser. Taillez l'extrémité des tiges pour donner une jolie forme. N'en cueillez pas trop en hiver, les nouvelles pousses ne se forment qu'au printemps.
Multiplication : vous pouvez faire des boutures à partir de la deuxième année. Les sujets qui ont plus de cinq ans ne fournissent plus. Pensez à assurer leur descendance.
Hivernage : à l'intérieur. Sortez la plante au soleil quand il ne gèle pas.
Conservation : inutile, puisque la cueillette se fait aussi en hiver.
Attention : ne prenez pas de bain au romarin le soir, vous auriez du mal à dormir.

Mon conseil : si vous n'appréciez pas de trouver une aiguille dans votre assiette, vous pouvez le moudre dans un moulin à épices ou mettre une branche dans le plat, et l'ôter.

Elle a besoin de beaucoup de chaleur et de soleil.

Admirez de près ses superbes fleurs.

Sarriette
Satureja hortensis

Aspect : tiges dures et ramifiées, d'une hauteur de 30 cm, portant des feuilles étroites vert sombre. En juillet, des fleurs roses ou mauve pâle apparaissent.
Saveur : poivrée, très parfumée.
Utilisation : les feuilles ou les tiges entières avec les haricots, la soupe de pommes de terre, les ragoûts, les viandes grasses. Elle excite l'appétit et favorise la digestion. Se cuit.
Culture : annuelle. Germe en pleine lumière. Faites-la démarrer en mini-serre ou derrière une fenêtre. Quand les plantules ont atteint 5 cm, repiquez-les en pots, trois plants pour un pot de 12 cm. Vous pouvez repiquer en pleine terre à la mi-mai. Vous ne devez pas laisser la motte se dessécher tant que les plantes n'ont pas atteint leur plein développement. Par la suite, la sarriette supporte la sécheresse.
Sol : deux parties de terreau de tourbe, une partie de compost, une partie de sable, un peu de chaux.
Emplacement : en pots, en terrines ou en jardinières sur le balcon ou la terrasse, sur le rebord d'une fenêtre, à l'intérieur en hiver. En pleine terre.
Eclairement : plein soleil.
Température : élevée.
Arrosage : supporte la sécheresse.
Fertilisation : nuisible à l'arôme.
Cueillette : c'est au moment de la floraison et en plein soleil que la sarriette exhale le meilleur de son arôme. Coupez les tiges à environ 10 cm du sol, la plante repousse et se ramifie.
Multiplication : semez les graines du commerce.
Hivernage : si vous procédez à un deuxième semis en juin-juillet, vous aurez des provisions pour l'hiver. Vous pouvez repiquer plusieurs pieds dans un pot assez grand que vous mettrez à la fenêtre. Mais la plante ne repousse pas en intérieur.
Conservation : séchage et congélation.

Mon conseil : congelez de la sarriette avec les haricots verts.

Les feuilles tendres ont une saveur moins forte.

La variété « tricolor » *est à la fois belle et comestible.*

Sauge

Salvia officinalis

Aspect : petit buisson ligneux à feuillage persistant, un peu clairsemé, portant des feuilles ovoïdes bleu-vert couvertes de poils argentés. Des fleurs bleues ou violettes apparaissent en juillet-août au bout de longues tiges.
Saveur : très prononcée, amère.
Utilisation : les feuilles accompagnent viandes, jambon, ragoûts méditerranéens, pâtes. A cuire. Utilisées également en infusion pour les gargarismes.
Culture : vivace. Germe à l'obscurité. Faites lever les graines, dès avril à la fenêtre, en mai en pleine terre. Quand les plantules atteignent 10 à 15 cm, repiquez-les en pots (3 ou 4 par pot) ou en pleine terre, à l'emplacement prévu.
Sol : deux parties de terre de jardin, une partie de compost, une partie de sable, un peu de chaux.
Emplacement : en pots et bacs sur le balcon ou la terrasse. En jardinière exposée au sud, en pleine terre bien ensoleillée. L'arôme se développe au soleil.
Eclairement : intense, y compris l'hiver, derrière la fenêtre.
Température : plus elle est élevée, plus intense sera l'arôme.
Arrosage : apprécie la sécheresse.
Fertilisation : inutile.
Cueillette : préférez les feuilles tendres pour vos assaisonnements, le goût est moins fort. La sauge pousse rapidement, alors qu'on en utilise peu.
On peut la rabattre en août et sécher les feuilles. De nouvelles pousses vont se former avant l'hiver.
Multiplication : par marcottage en juin.
Hivernage : peut passer l'hiver dehors. Si la température descend au-dessous de -10 °C, couvrez le pied de feuilles mortes ou (provisoirement) d'un plastique. Rentrez les pots à exposition claire et fraîche quand il gèle.
Conservation : séchage.

Mon conseil : essayez la sauge moscatelle *(Salvia sclarea)*.
On l'utilise surtout dans les entremets épicés. Certaines sauges ornementales du commerce ne conviennent pas pour la cuisine.

Thym d'été sur le balcon.

Tendres fleurs roses en été.

Thym
Thymus vulgaris

Aspect : petit buisson ligneux portant de petites feuilles étroites, gris-bleu, persistantes.
En juin apparaissent de nombreuses fleurs roses.
Saveur : très balsamique, un peu amère.
Utilisation : feuilles, fleurs, pousses accompagnent les plats de viande, les pâtes, les ragoûts, les pommes de terre, le gibier. Se cuit. Facilite la digestion.
Culture : vivace. Pour le cultiver en intérieur, vous pouvez le semer. Les plantules poussent lentement, s'étalent tant que les tiges sont encore molles et pendent par-dessus le rebord du pot. Si vous les remettez régulièrement dans le pot, elles vont former une sorte de coussin.
Mais il est plus simple d'acheter un jeune plant. Vous pouvez ainsi en cueillir immédiatement.
En pleine terre, le thym a du mal à repartir, mais pousse ensuite généreusement. Préférez le thym allemand (thym d'hiver), qui résiste au gel. Pour le balcon ou la terrasse, préférez le thym français (thym d'été), qui pousse plus vite mais est moins rustique.
Sol : deux parties de terre de jardin ou de terreau de tourbe, une de compost, une de sable, un peu de chaux.
Emplacement : en pots, bacs et terrines sur le balcon ou la terrasse, en jardinière à la fenêtre, en pleine terre ou dans le jardin de rocaille.
Eclairement : beaucoup de soleil.
Température : l'arôme se développe mieux quand il fait chaud.
Arrosage : préfère un terrain sec.
Fertilisation : inutile.
Cueillette : permanente.
Multiplication : bouturez les tiges qui ne sont pas trop lignifiées en juillet-août.
Hivernage : au début de l'automne, rabattez le buisson aux deux tiers, il se ramifiera généreusement au printemps suivant. Séchez les branches taillées.
En pleine terre, le thym allemand résiste au froid. Rentrez les pots et jardinières quand il gèle.
Conservation : séchage, congélation.

Mon conseil : au cours de vos promenades en montagne, profitez-en pour ramasser du thym sauvage (serpolet) : sa saveur est plus délicate que celle du thym de jardin.

Index

Les chiffres en gras renvoient aux illustrations.

PETITS PRATIQUES HACHETTE

200 titres disponibles

CUISINE 25 menus en 25 minutes • Agneau • Barbecue • Bœuf • Bricks, feuilletés et croustillants • Brunchs • Buffets • Céréales • Champignons • Chocolat • Cocktails • Cocktails pleine forme • Confitures et conserves • Cuisine alsacienne • Cuisine asiatique • Cuisine au tofou • Cuisine au wok • Cuisine aux condiments • Cuisine aux épices • Cuisine aux herbes • Cuisine bourguignonne • Cuisine bretonne • Cuisine chinoise • Cuisine créole • Cuisine d'extérieur • Cuisine de l'Auvergne et du Limousin • Cuisine de l'étudiant • Cuisine de Savoie et Dauphiné • Cuisine du Périgord • Cuisine du Sud-Ouest • Cuisine facile • Cuisine familiale • Cuisine grecque • Cuisine indienne • Cuisine indonésienne • Cuisine italienne • Cuisine juive • Cuisine libanaise • Cuisine lyonnaise • Cuisine marocaine • Cuisine minceur • Cuisine normande • Cuisine orientale • Cuisine petits prix • Cuisine pour bébés • Cuisine pour débutants • Cuisine pour deux • Cuisine pour écoliers • Cuisine pour les petits • Cuisine pour une personne • Cuisine provençale • Cuisine rapide • Cuisine russe • Cuisine scandinave • Cuisine Tex-Mex • Cuisine thaïe • Cuisine végétarienne • Desserts • Entrées et hors d'œuvre • Foies gras et confits • Fondues • Fruits exotiques • Gâteaux déco • Gibiers • Goûters-party • Gratins et soufflés • L'œuf • Le goût en quatre saveurs • Légumes • Liqueurs, sirops et ratafias • Mets et vins • Pains • Pâtes • Pâtisserie • Petits gâteaux • Pizzas et tourtes • Plateaux-télé • Plats mijotés • Plats uniques • Poissons • Pomme de terre • Recettes au foie gras • Risottos • Riz • Salades composées • Salades variées • Sauces • Soupes et potages • Tajines • Tapas et bouchées • Tartes et gâteaux • Terrines • Veau • Volailles •

ANIMAUX Aquarium / Les plantes • Aquariums • Avoir un chat en appartement • Bergers allemands • Bichons • Boxers • Canari • Caniches • Chartreux • Chats • Chiens • Chiens de garde • Chinchillas • Cochon d'Inde • Éduquer son chien • Entraîner son chien • Hamster • Inséparables • Labrador • Lapin nain • Mon chien vieillit • Mon premier aquarium • Oiseaux du jardin • Perroquets • Perruche callopsitte • Perruches ondulées • Petits chiens • Poissons rouges • Serpents • Soigner son chat • Soigner son chien • Souris • Teckels • Terriers • Tortues • Tortues de terre • Westies • Yorkshires •

JARDINAGE Arbres fruitiers • Bambous • Bégonias • Bien jardiner avec la lune • Bonsaï • Bouquets • Bouturage • Cactus • Conifères et arbustes miniatures • Constructions de jardin • Fleurs à bulbes • Fruits en pots • Géraniums / Pélargoniums • Greffage • Grimpantes et retombantes • Haies • Jardin de mois en mois • Jardinage facile • Jardinières et balconnières • Jardins d'eau • Légumes et fleurs pour balcons • Orchidées • Palmiers • Pelouses et gazons • Petits jardins • Plantes aromatiques • Plantes d'intérieur • Potager • Rhododendrons / Azalées • Rocailles • Roses • Semis • Soigner ses plantes d'intérieur • Soigner ses plantes de jardin • Taille • Un jardin Feng Shui •

DÉCORATION Bijoux faciles • Bougies • Bracelets brésiliens • Collages • Couronnes de fêtes • Coussins et housses • Déco de fête • Décors de table • Encadrement • Fleurs séchées • Lampes • Maquillage pour enfants • Meubles peints • Miniatures • Objets déco • Pâpier mâché • Pâte à sel • Patines, peinture à effets • Peinture sur métal • Peinture sur soie • Peinture sur verre et porcelaine • Perles de rocaille • Pliages de serviettes • Pochoirs • Rideaux et stores • Tissus peints •

COUTURE Déguisements pour enfants • Du neuf avec du vieux • Jouets en tissu • Jupes faciles • Sacs et trousses • Tenues d'été • Tenues d'intérieur • Tenues de fête • Trousseau de bébé • Vêtements pour enfants •

BEAUTÉ & FORME À chacune sa coiffure • À chacune ses couleurs • À chacune son maquillage • À chacune son style • Maquillages de fête • Rester belle • Soins du corps • Soins du visage • Tatouages •

Crédits photographiques :
Burda/Mein schöner Garten : page 27, 38, 54, 45 droite ; Busek : page 41 gauche, 60 gauche ; Eigstler : Page 53 gauche, 59 gauche ; Eisenbeiss : page 42, 47, 44 gauche, 49 droite ; Felbinger : page 24, 55 gauche ; Greiner und Meyer : page 34, 64 et troisième de couverture ; König : page 48 droite, 52 gauche ; Marktanner : page 10 ; Reinhard : page 3 droite, 17, 31, 56 ; Reuter : page 48 ; Riedmiller : page 3 en haut, 51, 45 gauche ; Scherz : page 3 gauche, 49 gauche ; Teubner : page 5, 32 ; Skogstad : deuxième de couverture, et toutes les autres photos ;
1ère de couverture : Jacques Boulay.

L'édition originale de cet ouvrage a été publiée sous l'intitulé *Küchenkräuter biologisch ziehen* par Gräfe und Unzer GmbH, München.

Traduction : Marie Duval.
Secrétariat d'édition, composition et maquette : Société Les Cours, Caen.
Dépôt légal : 13686-janvier-2002
N° éditeur : OF17275
ISBN : 2.01.019056.4
62-63-0516-04-5
Impression : Canale à Turin, (Italie)